INFO3 VERLAG

Michael Bockemühl

# KUNST SEHEN

## BAND 4

Nach einer öffentlichen Vorlesung zu Vincent van Gogh
vom 9. Juni 1992 im Saalbau Witten

David Hornemann v. Laer, Verena Schusser (Hg.)
unter Mitarbeit von Nikolas Middelmann, David Richardoz,
und Carla Tenthoff

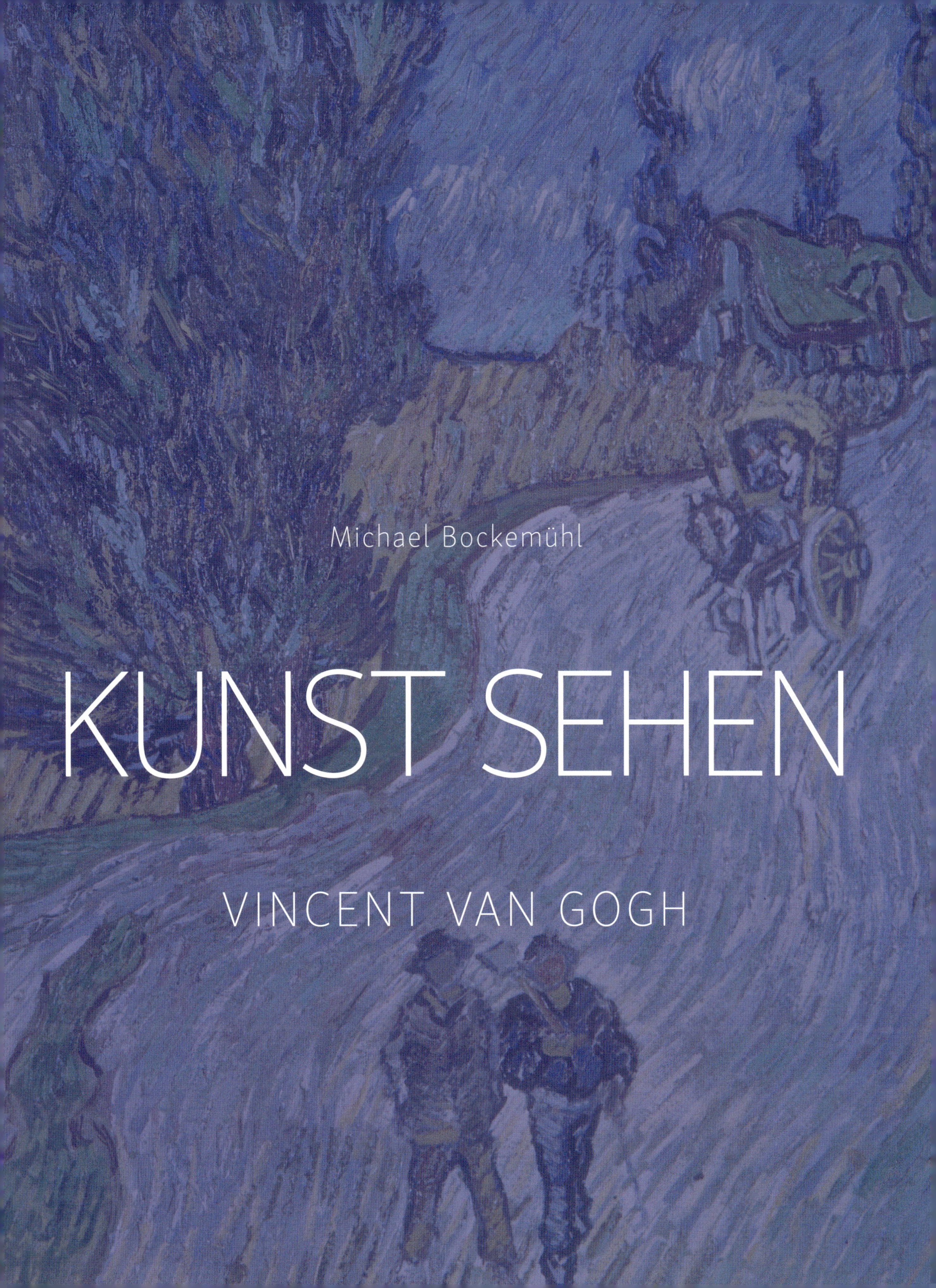

Michael Bockemühl

# KUNST SEHEN

## VINCENT VAN GOGH

# INHALT

*„Wirklich, wir können nur unsere Bilder sprechen lassen.“*[1]

Vincent van Gogh

1 | Vincent van Gogh
**Selbstbildnis**, 1889

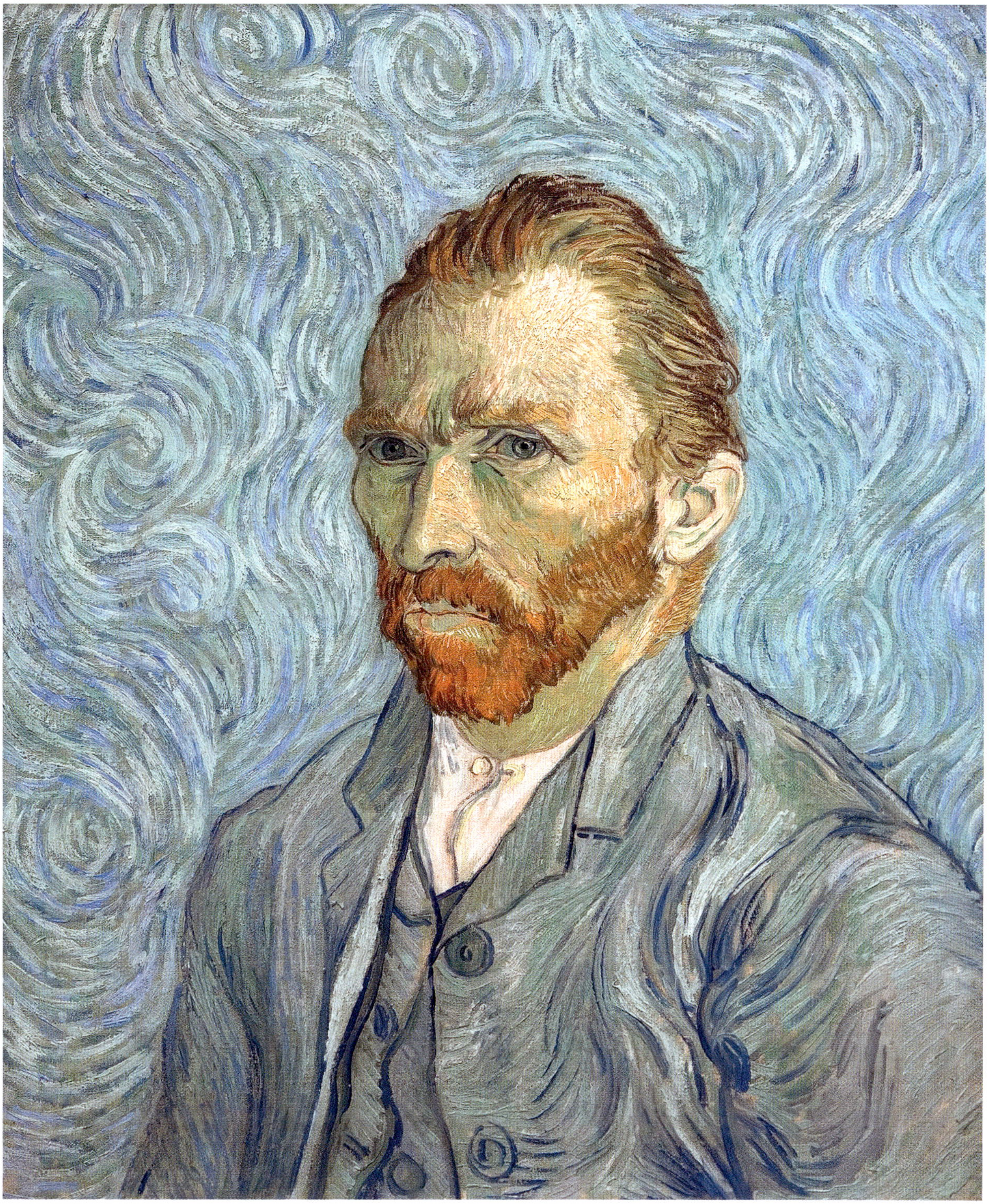

VORWORT

# EIN FEST FÜR DAS AUGE

Was könnte uns dazu berechtigen, zu den unzähligen Büchern über allseits bekannte Künstler wie Vincent van Gogh, Paul Cézanne oder Pablo Picasso weitere Bände hinzuzufügen? Ist nicht gerade über diese Klassiker der Kunstgeschichte schon alles gesagt und geschrieben worden?

Die hier veröffentlichten Vorlesungen des Kunstwissenschaftlers Michael Bockemühl sind – obwohl mehr als 25 Jahre alt – in ihrer das Sehen unmittelbar miteinbeziehenden Art noch heute zukunftsweisend und Orientierung stiftend. Deutlich vor Augen geführt wurde mir das durch die begeisterten Reaktionen der Studierenden, die den Kunstwissenschaftler nur noch anhand der schon vergilbten Transkriptionen seiner Vorlesungen kennenlernen konnten. Ihr Tenor lautete: „Diese Texte sind wichtig. Wir dürfen sie nicht für uns behalten!"

Die öffentlichen Vorlesungen Michael Bockemühls haben Anfang der 1990er Jahre im Wittener Saalbau stattgefunden. Die damaligen Räume der Universität reichten schon nach der ersten Vorlesung nicht mehr aus. Ein Bericht des WDR-Fernsehens über die „sensationelle Veranstaltung" endete mit den Worten: „So wenig Notizen, so viel Begeisterung für die Art der Vorlesung. Kunstgeschichte als Happening – gibt's noch 'ne Steigerung?" [2]

Heute ist Bockemühls Methode der Kunstbetrachtung aktueller denn je und es scheint in Zeiten von „Fake News" und „Alternative Facts" eine Schulung des Sehsinns für eine an den konkreten Eindrücken orientierte, selbstständige Urteilsbildung unverzichtbar. Auf meine Frage, warum die Studierenden es für unbedingt notwendig erachteten, diese Texte zu veröffentlichen, lautete eine Antwort: „Wir haben verlernt, wirklich zu sehen. Unser Blick für die Schönheit und Natürlichkeit der Welt ist durch unseren Lebensstil und die Gesellschaft getrübt. Michael Bockemühl zeigt uns anhand von Kunstwerken, wie wir unseren Blick dafür wieder öffnen können." [3]

Aber wie würde es uns gelingen, die Lebendigkeit des gesprochenen Worts in eine angemessene Form zu bringen – eine Form, die dem Inhalt dieses für Professor Bockemühl so wichtigen Hauptwerks entsprechen kann? [4]

# ODER WIE DIE KUNST DIE FRAGE NACH DEM SEHEN SCHARFSTELLT

Die Qualität der Tonbandaufzeichnungen war mangelhaft und manche Sätze waren kaum noch zu hören. Auch war nicht immer eindeutig, um welche Kunstwerke es sich handelte und wo wir davon Abbildungen finden könnten. Dennoch entschlossen wir uns, diesen „Schatz" zu heben und die in freier Rede gehaltenen Vorträge behutsam zu überarbeiten, die zugehörigen Bilder ausfindig zu machen und sie für eine Buchreihe vorzubereiten. Dabei ging es nicht nur um die Herstellung eines möglichst lückenlosen Textes, sondern immer auch darum, die Experimente und Sehanregungen im eigenen Üben zu erproben – gemäß Bockemühls Credo: „Der Künstler ermöglicht, was der Anschauende verwirklicht."[5] Das wurde für uns jedes Mal erneut zu einem „Fest für die Augen": Unser Sehen begann sich zu verändern. Es wurde genauer, unbedingter, schärfer – und selbst die scheinbar bekanntesten Kunstwerke erschienen aufregend neu und lebendig. An die Stelle abschließender Interpretationen trat das eigene Sehen als offener Prozess.

*„Der Künstler ermöglicht, was der Anschauende verwirklicht."*

Michael Bockemühl

Michael Bockemühl verzichtet in seinen Vorlesungen auf die Vermittlung kunsthistorischen Wissens. Wir erfahren weder seine Deutungen der Kunstwerke noch macht er uns näher mit den biografischen und gesellschaftlichen Hintergründen der Künstler bekannt. Das alles ist sehr gut erforscht und beschrieben und würde die Herausgabe einer weiteren Buchreihe nicht rechtfertigen. Neu und bis heute fast unbekannt ist dagegen der Zugang, den uns der passionierte Wahrnehmungsforscher hier eröffnet: Wir werden als Leserinnen und Leser auf eine Expedition mitgenommen, die uns zum eigenen Sehen führt. Mehr noch: wir werden zu einem vorurteilsfreien Wahrnehmen angespornt, wie wir es vielleicht noch aus unserer frühen Kindheit erinnern. Das aber versetzt uns in die Lage, bewusster mit unserem Sehen und Verstehen umzugehen – letztlich selbst Sinn im Sinnlichen zu entdecken.

„Wer die Welt verstehen will, muss mit eigenen Augen sehen lernen“ [6] bemerkt Paulo Coelho. Wie man das macht, dafür liefert Bockemühl in seinen Vorlesungen konkrete Anregungen. Wir werden in Experimente und Sehübungen verwickelt und lernen, den Schleier unserer Denkroutinen zu heben, sodass an den Kunstwerken Dinge sichtbar werden, die unserem Bewusstsein zuvor durch den Filter unserer Gedanken und Meinungen entzogen wurden. So wird es möglich, an eigene Erfahrungen unmittelbar anzuknüpfen. Dabei misst sich der Wahrnehmungsexperte nicht die Deutungshoheit über das Erlebte an, sondern beschränkt sich stets auf die Frage, wie das Wahrgenommene ins Bewusstsein tritt: „Wichtig ist, dass wir uns darüber verständigen, wie es bei jedem einzelnen Betrachter von der Wahrnehmung zum Begriff gekommen ist. Wichtig ist, dass wir uns über das Wie des Anschauens verständigen.“[7] Das aber brauchen wir in einer Zeit, in der wir durch Smartphones, Tablets und so weiter ohne jede Sinnesanstrengung immer mehr in eine Parallelwelt zweidimensionaler Bilder hineingezogen werden, „in der wir alles per Klick festhalten und gleichzeitig global verbreiten können, ohne unseren Standpunkt zu verändern, und in der uns alles, was am anderen Ende der Welt passiert, in Jetztzeit erreichen kann – was genau genommen unsere Wahrnehmung nicht erweitert, sondern verkürzt, weil wir uns selbst und die Perspektivität als Wahrnehmende aus dem Blick verlieren.“[8]

Der Grafiker Frank Schubert hat sich auf den mühsamen Prozess eingelassen, mit uns gemeinsam eine Buchform zu entwickeln, die dem Charakter dieser Vorlesungen entspricht: Es ist der Versuch, die Hinweise Bockemühls mit den Abbildungen in eine Balance zu bringen, es den Leserinnen und Lesern zu ermöglichen, Anschauliches und Gedankliches selbst zu verbinden. Das wiederum eröffnet die Möglichkeit zu einer kritischen Distanz sowie zu eigener anschaulicher Überprüfung.

Die Wechselbeziehung zwischen sehendem Subjekt und wahrgenommenem Objekt tritt hier in den Fokus und lässt uns erleben, dass Kunst nur dann wirksam wird, wenn sie ein Gegenüber hat, das seine Augen verweilen und ruhen lässt, dass seine Eindrücke mittels der Augen zu erfassen und zu durchdenken sucht.

Über die Chancen einer solchen, an Friedrich Schiller orientierten Ästhetik bemerkte der Professor von der Universität Witten/Herdecke: „Diese Ästhetik bietet die Möglichkeit, zu unserer eigenen Bestimmung zu finden, nicht über Gesetze von außen – Bildungszwecke, tradierte Wertvorstellungen, Moralvorschriften und so weiter –, sondern mehr und mehr auf dem Wege selbst verantworteter und gestalteter Wahrnehmung.“ [9]

*David Hornemann v. Laer*
*Witten im Oktober 2018*

„WER DIE WELT VERSTEHEN WILL,
MUSS MIT EIGENEN AUGEN
SEHEN LERNEN."

Paulo Coelho

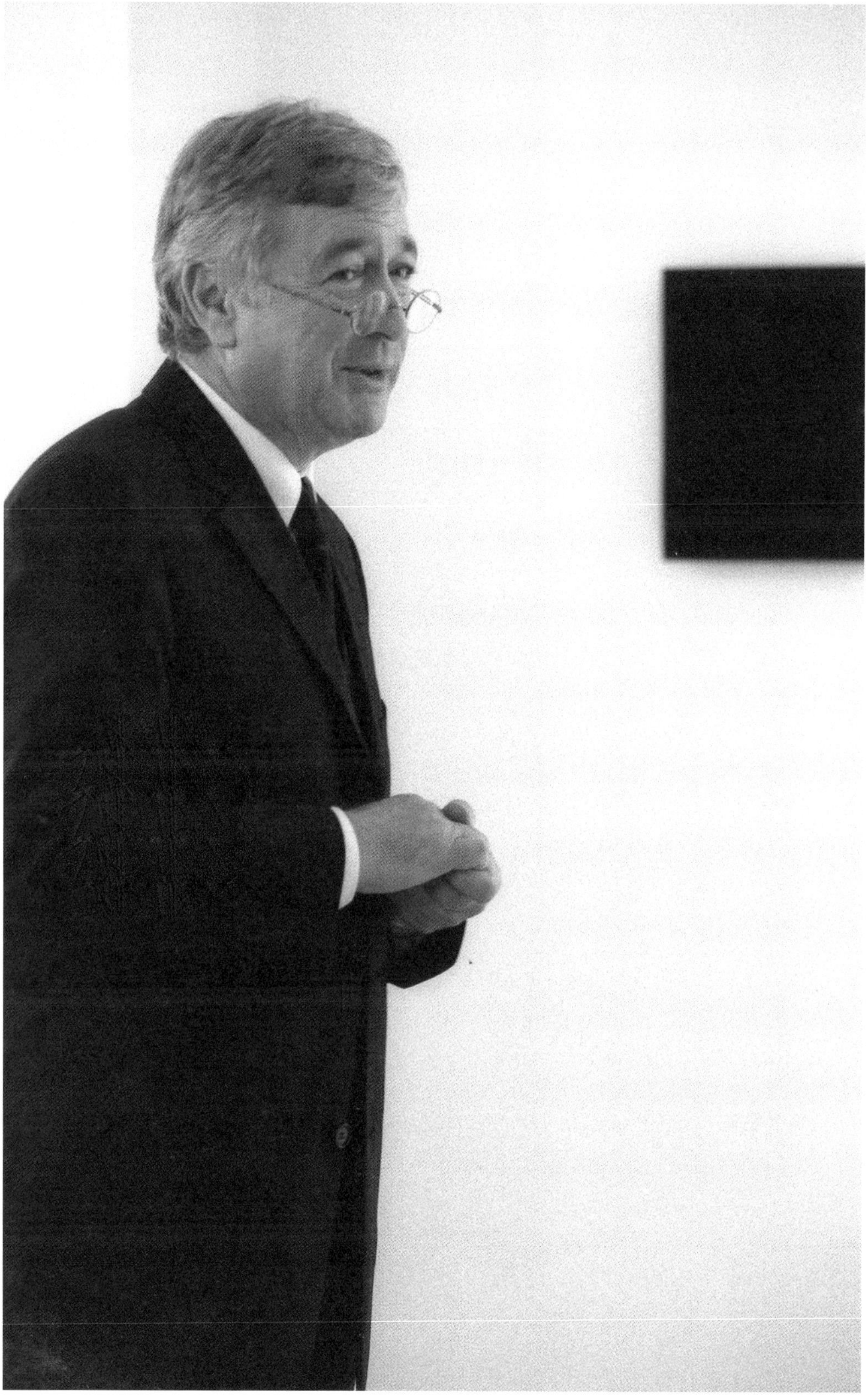

2 | Michael
Bockemühl, 2003

VORLESUNG

# „ICH MÖCHTE MEHR SEELE UND MEHR LIEBE UND MEHR HERZ."[10]

Vincent van Gogh

Meine Damen und Herren,

es gibt wohl kaum eine Zeit, in der man allgemein so davon überzeugt ist, die Welt gedanklich durchdrungen zu haben, wie die heutige. Wir sind, was das Wissen betrifft, außerordentlich weit vorgedrungen bis in die Details der materiellen Struktur dieser Welt. Und wir haben die Fähigkeit gewonnen, die Welt durch ein eindringendes Erfassen von Strukturgesetzen handhabbar zu machen. Wir können ihr das abverlangen, was wir von ihr haben wollen. Und wir erachten diese Fähigkeit fast als eine Art Beweis dafür, dass es richtig ist, wie wir über die Welt denken. Wir sagen: „Wir können aus den Gegebenheiten, aus den Gesetzen etwas gestalten, was dann so funktioniert, wie wir es vorausgesagt haben." Diese Möglichkeit nehmen wir wiederum als eine gewisse Sicherheit dafür, die Welt verstanden zu haben. Wir glauben, sie entmythologisiert und enträtselt zu haben. Dabei ist aber das Sehen selbst zum Rätsel geworden. Ich kann nicht sagen, es sei rätselhaft geblieben, weil das Sehen selbst früher gar nicht problematisiert wurde. Aber was sich nun zuträgt, wenn wir sehen, ist umso unfassbarer geworden. Mit diesem Unfassbaren wollen wir uns auch dieses Mal wieder auseinandersetzen, um später zu fragen, welche neuen Perspektiven uns van Gogh durch sein künstlerisches Werk eröffnet.

Was sich beim Sehen abspielt, wird deswegen so leicht vergessen, weil es sich vor dem, was wir sehen, zurücknimmt. Ja, der Prozess des Wahrnehmens tritt vollkommen aus dem Bewusstsein, wenn das Sehen gut funktioniert. Wir betrachten das Sehen sozusagen instrumental: Wir machen die Augen auf, damit wir etwas sehen und dieses Etwas ist da draußen. Wir sehen es aus einer gewissen Distanz. Wenn Sie Ihre Hand sehen wollen, empfiehlt es sich, sie nicht direkt vor das Auge zu halten. Wenn Sie das tun, ist sie Ihnen zwar viel näher, aber Sie sehen dann nichts von ihr. Erst wenn wir einen gewissen Abstand zu den Dingen haben, gelingt es, etwas zu sehen. Bildlich gesprochen sitzen wir mit dem Plüschkissen hinter dem Fenster und gucken auf das, was uns die Welt da draußen vorführt – frei nach dem Motto: „Augen, meine Fensterlein".

Es kommt also etwas von außen nach innen. Wir bemerken in aller Regel aber nicht, *wie* das geschieht. Uns wird nicht bewusst, dass das Sehen sehr viel komplexer ist, als wir uns das vorstellen, weil wir vergessen, wie es wirkt, wenn es wirkt.

Sehen Sie, was ich hier in der Hand halte? Ich weiß nicht, ob Sie das erkennen können, was das ist. Aber man rät ja auch manchmal. Das ist eine Mappe. Wenn Sie das jetzt wissen, dann brauchen Sie ja nicht mehr lange hinzugucken, denn jetzt wissen Sie ja, dass es eine Mappe ist. Und noch ein Beispiel: Das ist eine Uhr. Wenn ich das dazu sage, ist es leichter zu wissen. Wir gucken so lange hin, bis wir wissen, was es ist. Genauso gehen wir gewöhnlich durch ein Museum. Wir sehen ein Bild und suchen nach dem Schild, das uns darüber Auskunft gibt, wie der Künstler und das Bild heißen, wann es gemalt wurde und so weiter. Anschließend gehen wir weiter, weil wir nun ja *wissen*, was wir sehen. Das ist natürlich ironisch bemerkt. Wir haben – ohne es zu bemerken – genau solch eine Attitüde in unserem gesamten Blick- und Anschauungsverhalten. Doch bei näherem Hinsehen wird das alles rätselhaft schon bei den lächerlichsten Fragen.

Wenn ich da draußen etwas sehe: Wie kann das denn sein, dass ich etwas begreife? Ich sehe zum Beispiel einen Baum da draußen. Wie kann es denn sein, dass ich einen Baum begreife? Der ist doch dort draußen? Wenn ich jetzt also einen Begriff habe und nur meinen Begriff habe, woher weiß ich denn, dass es auch „dem Baum sein Begriff" ist, wenn ich das mal so ausdrücken darf? Wie kommt denn der Baum zu seinem Begriff und wie komme ich zu seinem Begriff? Geht das auch durchs Auge? Flutscht der Begriff sozusagen hindurch?

Da gibt es ein interessantes Wort: „abstrakt" – von abziehen, Abziehbild. Da ist also der Baum, dem ziehe ich den Begriff weg und dann habe ich ihn. Ist der Begriff dann noch in dem Baum?

Verzeihen Sie, das sind Kinderfragen. Aber sie sind nicht so leicht zu beantworten, denn normalerweise sind wir mit dem anschauenden Erlebnis alleine. Wir müssen bei uns selbst sein. Nur wer bei sich ist, kann einen Begriff fassen.

Wie aber kommt es, dass wir über die Sinne einen Zugang zum Weltinhalt haben? Wie kommen die Begriffe in uns hinein? Und wenn wir uns diese Begriffe selber machen, was haben sie mit dem zu tun, was wir sehen? Wie vergewissern wir uns, dass das, was wir sehen, und das, was wir begreifen, miteinander übereinstimmen?

Das ist ein altes Problem, das schon die abendländische Philosophie beschäftigt hat, und es ist auf die verschiedenste Weise beantwortet worden. Doch gibt es eine Antwort auf dieses Problem auch durch das Sehen selbst?

*„Und wie vergewissern wir uns, ob das, was wir sehen, und das, was wir begreifen, miteinander übereinstimmen?“*

Und jetzt eine andere Kinderfrage, die aber vielleicht auch nicht ganz so einfach zu beantworten ist, weil sie Ihre eigene Erfahrung herausfordert. Und diese Frage lautet: Wohin blickt man, wenn man etwas anguckt?

Prüfen Sie sich einmal, was Sie eigentlich tun, wenn Sie einen Baum angucken. Das können Sie jetzt natürlich nur aus der Erinnerung tun. Was taucht da zuerst auf? Da taucht wahrscheinlich der Baum auf. Doch haben Sie auch noch in Erinnerung, wie sich Ihnen dieser Baum blickhaft erschlossen hat? Vermutlich nicht – weil wir überhaupt erst aufwachen, wenn das Sehen selbst vorbei ist.

Wohin sieht man, wenn man jemandem ins Gesicht blickt? Versuchen Sie es doch mal mit Ihrem Nachbarn. Das bringt man gar nicht fertig, weil es sofort peinlich wird. Man kann da sehr schnell im klassischen Sinne die Unschuld verlieren, wenn man sich klarmacht, wohin man blickt, wenn man jemandem begegnet. Man weiß dann plötzlich gar nicht mehr, wo man hinblicken soll. So peinlich wie das beim Gesicht ist, weil wir dabei mit allen Emotionen verbunden sind, so peinlich wird es auch gegenüber unserer Umwelt, wenn Sie es wirklich mal probieren. Sie beobachten zum Beispiel eine Brücke. Wohin blicken Sie denn, wenn Sie die Brücke sehen? Wohin blickt man, wenn man eine Wolke sieht, wohin blickt man, wenn man eine Zahnbürste sieht? Marmelade kann man auch sehen, wohin guckt man da? Ja, das denkt man sich so einfach: „Ich guck da hin und dann ist das Marmelade.“ Also – probieren Sie das mal aus.

Wir wissen gar nicht, wohin wir blicken. Wenn wir zum Beispiel einen Baum angucken, dann sehen wir ja Blätter, Äste, einen Stamm. Und wenn wir so weitermachen, dann sehen wir im wahrsten Sinne den Wald vor lauter Bäumen nicht mehr. Das heißt, den Baum vor lauter Blättern nicht mehr, das Blatt vor lauter Zweigchen nicht mehr. Die Verästelungen sehe ich noch und dann gehe ich weiter und plötzlich bin ich bei einer Zelle, die ich nun nicht mehr sehe – nicht mit bloßem Auge. Aber sehe ich unter dem Mikroskop den Baum? Sie sagen: „Das ist ein Teil von dem Baum.“ Woher wissen Sie, dass das ein Teil ist? Diesen Zusammenhang müssen Sie sich in Erinnerung rufen, sich vorstellen. Sonst wüssten Sie gar nicht mehr, was Sie machen, während Sie in ein Mikroskop blicken.

Wohin blicken Sie, wenn Sie diesen Raum ansehen? Probieren Sie es mal. Sie werden nicht umhinkommen, sich umzusehen, Ihren Kopf zu bewegen. Was aber veranlasst einen zu dieser Bewegung? In Momenten der Langeweile, in Momenten des Wartens kann man solchen Fragen einmal nachgehen.

Ich möchte Ihren Entdeckungen nicht vorgreifen. Sie werden sicher noch vieles andere bemerken. Doch scheint mir wichtig festzustellen: Man blickt gewöhnlich nirgendwo hin. Man macht ganz vage Wischbewegungen. Es geschieht ganz selten, dass man mal wirklich irgendwo hinblickt. Normalerweise wischt man so drüber mit der Folge, dass man nachher überhaupt nicht weiß, wie das ausgesehen hat, was man angesehen hat. Sie brauchen sich nur das Ziffernblatt Ihrer Uhr oder Ihre Krawatte oder die Kette an Ihrem Hals zuzuhalten und zu überlegen, wie diese Gegenstände aussehen. Wir blicken meistens nicht hin, wir sehen die Alltagsdinge nicht wirklich, weil wir kein Interesse daran haben, sie zu sehen. Wirkliches Sehen setzt voraus, dass wir etwas sehen *wollen*.

Wenn wir uns eine Sache etwas länger angucken, kommen wir leicht ins Dösen und verlieren uns in Gedanken. Das geht auch mit offenen Augen. Erst wenn dann wieder irgendetwas da draußen passiert, was uns emotional anspricht, sind wir wieder bei dem, was wir vor Augen haben, also in den Sinnen, in der Wahrnehmung.

Alle diese wunderbaren Sachen, die man feststellen kann: dass es sich um eine retinale Erfahrung handelt, dass da elektromagnetische Schwingungen ins Auge reingehen und dies dann irgendwie gereizt und im Gehirn vernetzt wird – wir haben nur etwas davon, wenn wir etwas sehen *wollen*, wenn unsere *Intention* sich auf etwas richtet und das mit den Augen sinnlich ergreift.

Ich muss mit meiner Aufmerksamkeit herausgehen. Und wenn ich den Baum beobachte und mir klarmache, wohin ich blicke, wenn ich einen Baum sehen will, dann habe ich noch die unendlich glückliche Chance, mir zu überlegen, wo ich bin, wenn ich das mache. Ich bin dann nämlich nicht mehr bei mir. Mit jedem Blick bin ich außer mir, weil ich mit meinem Bewusstsein, mit meiner Intentionalität vollkommen draußen bin bei den Dingen – was auch immer die Dinge seien.

Ich muss sehen *wollen*, sonst kommt überhaupt nichts in mir auf. Dieser Wille zur Aufmerksamkeit, die Intentionalität im Sehen ist das Erste. Das Zweite ist, dass man dann, wenn man mit seiner Aufmerksamkeit bei der Sache ist, das Gefühl hat, es tritt Realität ein, Wirklichkeit. Doch um darüber Gewissheit zu erlangen, wie etwas wirklich ist, verlangt man nach Zeugen. Und der Zeuge soll erzählen, was er gesehen hat. Und je mehr Zeugen erzählen, was sie gesehen haben, desto überzeugender ist es. Also wenn Sie zwei gegen drei Zeugen haben, dann bekommen drei Zeugen mehr Recht. Und doch haben wir trotz aller Zeugen instinktiv das Bedürfnis, etwas noch einmal selber zu überprüfen und zwar dadurch, dass wir es noch einmal anblicken. Wir wollen noch genauer an die Sache herankommen, uns noch mehr mit ihr identifizieren, um zu bemerken: „Aha, dort bin ich." Und dann tritt das Gefühl auf: „Ja, so ist es. So sieht es aus. Ich habe es wirklich selber gesehen, dass es so und nicht anders gewesen ist."

Wir haben also ein ganz hohes Vertrauen in die Augenzeugenschaft dort, wo wir unser Auge selber zum Zeugen machen für die Wirklichkeit. Was wir sehen, das glauben wir auch. Wir haben in nichts ein so großes Wirklichkeitsvertrauen wie in unser Auge, weil sich im Sehen bereits viele verschiedene Sinnesbereiche bündeln, überschneiden, überkreuzen: Bewegungssinn, Gleichgewichtssinn, Hell-Dunkel-

*„Man blickt gewöhnlich nirgendwo hin. Man macht ganz vage Wischbewegungen. Es geschieht ganz selten, dass man mal wirklich irgendwo hinblickt."*

*„Wir haben in nichts ein so großes Wirklichkeitsvertrauen wie in unser Auge."*

Sinn, Farbsinn und alles Mögliche, was da noch in Frage kommt, findet ja bereits im Auge statt. Umso schwieriger ist es, wenn wir gezeigt bekommen, dass das, was wir mit Augen sehen, nur Trug und Täuschung sein soll. Erst recht wird ja von der Kunst gesagt, dass sie nur Schein ist, dass sie keinen Anspruch auf Wirklichkeit haben kann.

Das Auge ist ein hochkomplexes Organ, mit dem wir zum Beispiel auch tasten können. Das Auge spezialisiert das Tasten nur in einer bestimmten Form. Und dazwischen – zwischen dem Außer-sich-Sein sowie dem Wissen, dass ich außer mir bin, und meiner Intentionalität, mit der ich auf etwas zugehe, was mir als Dinglichkeit, als Gegenstand, als Gegebenheit entgegenspringt im Anschauen – dazwischen ist etwas, was uns immer entgleitet. Wir können dieses „Zwischen" eben nur durch außergewöhnliche Maßnahmen ins Bewusstsein heben.

Wenn ich frage: „Wohin blicken Sie, wenn Sie diesen Raum ansehen?" und Sie dann plötzlich wie mit Gewalt den Kopf gedreht kriegen, dann kommt da etwas hinzu. Wenn Sie Ihr ganz normales Blickverhalten haben und zum Beispiel ein Buch lesen, dann macht Ihr Auge keine kontinuierliche Bewegung. Mir fiel das auf, als ich jemandem gegenüber saß, der Zeitung las. Seine Augen machten keine kontinuierliche Bewegung, sondern sie zuckten hin und her. Dasselbe Phänomen lässt sich auch hier im Saal beobachten. Wenn ich Sie alle anschaue, dann beachte ich vorzüglich Ihre Gesichter. Das heißt aber, ich kann mich gar nicht mit jeder Gesichtsform einzeln verbinden, ich muss springen, und wenn Sie Ihre Umgebung betrachten, dann geht das so: Sie fassen eine Gesichtsform ins Auge, dann fassen Sie eine nächste ins Auge, und weil es so viele sind, müssen Sie immer hin und her springen und das dann nachher irgendwie zusammenholen. Man darf dabei nicht ganz vergessen, was man zuerst gesehen hat; das vernetzt sich, das vermischt sich, und dadurch orientiert man sich mal hierhin und mal dorthin. Man ist dabei gar nicht so sehr bewusst. Aus diesen einzelnen Blickmomenten, die man festhält, setzt man so eine Art Mosaik des Gesamtbildes zusammen, das sehr unscharf ist. Und zwar durch eine ganz unbewusste, aber höchst aktivierte Erinnerungsleistung. Denn wenn Sie sofort vergessen, was Sie nacheinander im Blick hatten, verlieren Sie das Raumkontinuum.

Stellen Sie sich vor, Sie würden diese Wand hier vergessen, während Sie sich umdrehen. Dann wäre in dem Moment der Raum als Kontinuum aus Ihrem Bewusstsein verschwunden. Das Sehen ist eben eine höchst subversive Tätigkeit, die auch damit zusammenhängt, dass wir ständig Vereinzeltes zusammenfassen und dabei eine unglaublich reichhaltige, höchst divergente Syntheseleistung vollbringen, indem wir dieses Vereinzelte spontan in eins bringen, in die Einheit dieses hier und jetzt gegebenen Ensembles von Raum, Menschen, Situationen und so weiter. Alles das wird ja zusammen erfasst und wenn Sie nach Hause gehen, haben Sie keine Angst, dass vielleicht eine Ecke des Raumes nicht existent war. Auch wenn Sie sie gar nicht mehr im Einzelnen erinnern können, haben Sie sich durch diese Syntheseleistung einen

Gesamtbegriff von dem Raum gebildet, der Ihnen Sicherheit gibt. Doch dieses Wissen wird verwandelt durch jeden neuen Seheindruck. Durch jede Bewegung kommt immer wieder eine neue Qualität hinzu und wird dem Bestand hinzugefügt – völlig problemlos. Und Sie brauchen jetzt nicht 500 Personen einzeln zu kennen, um sich klarzumachen, dass hier viele Menschen sind. Das kann man summarisch behandeln. Aber etwas ist dazwischen. Etwas geschieht, ohne das Sie diese Syntheseleistung nicht vollbringen könnten. Das möchte ich nennen: die Bewegung. Die Bewegung, die vom einen zum anderen Element führt und die wir gerade nicht intentional erfüllen.

Ich würde Ihnen das gerne demonstrieren, doch leider kann ich Sie jetzt nicht alle zu mir nach vorne auf die Bühne holen und Ihnen diesen Reigen von verschiedenen Antlitzen vor mir zeigen, denn dann wäre ja keiner mehr im Saal. Also müssen Sie es sich ein bisschen vorstellen, was ich jetzt tue. Ich fange zum Beispiel bei Ihnen an und wandere mit dem Auge und schon beim nächsten Winkel bin ich bei Ihnen. Dann sind da ein Rot und ein Grün, dann ist dort hinten ein Türkis, und jetzt ist wieder hier vorne etwas. Wenn ich also hier mit der gleichen Intensität durchgehe, mit der ich sonst Einzelheiten wie zum Beispiel ein Auge, eine Mundstellung oder ein Antlitz in den Blick nehme und von der Mitte Ihrer Brille zum Rand Ihrer Brille weitergehe, dann zum Ohr, dann zum Pullover, hier zu einem Zwischenraum und dahinter zu Ihrer Bluse – wenn ich das einzeln wirklich fassen wollte, dann käme ich überhaupt nicht durch.

Was machen wir also? Wir reißen uns von dem Blickerlebnis los und legen dabei meistens auch noch einen für das Auge notwendigen Lidschlag dazwischen, was dazu führt, dass wir bei einem Blickwechsel das eben Gesehene wegblenden. In unserem auf Gegenstände fixierten Anschauen blicken wir diskontinuierlich. Und so lange wir das Auge nur verwenden, um uns der dinglichen Präsenz der Welt zu versichern, bleibt der Sehprozess selbst unbewusst. Das Sehen als Prozess bleibt ein Rätsel. Denn wir merken von unserer Intention nichts. Wir denken, das Gesehene stürzt auf uns ein. Die Attraktion einer Sache liegt aber doch nur daran, dass wir an ihr hängen, dass wir uns von etwas so faszinieren lassen, dass unsere Intentionalität sich damit verbindet. Wenn etwas zum Beispiel lebensgefährlich wird, dann sind wir ganz ungeheuer intentional involviert, während für einen anderen, der die Gefahr nicht sieht, dasselbe ganz uninteressant ist. Er bleibt deshalb ganz cool und will vielleicht gar nicht näher hingucken.

Das sind also grundsätzlich verschiedene Erfahrungen. Es gibt aber auch den Sonderfall: Beobachten Sie zum Beispiel die Bewegung meiner Hand. Was passiert jetzt mit Ihren Augen? Bemerken Sie, wie Ihr Blick in eine kontinuierliche Bewegung übergeleitet wird? Es ist etwas wie ein Nachblicken,

*„Und so lange wir das Auge nur verwenden, um uns der dinglichen Präsenz der Welt zu versichern, bleibt der Sehprozess selbst unbewusst. Das Sehen als Prozess bleibt ein Rätsel.“*

*„Aber wenn es auf Ästhetik hinausläuft, (...) dann kommen wir eben an solche Fragen, bei denen es sich nicht mehr um abstrakte Theorien handelt, sondern um die Frage: Sieht man es oder sieht man es nicht? Erfährt man es oder erfährt man es nicht?"*

wenn man bei einem Gegenstand verweilt, der sich selbst bewegt. Dadurch kann es geschehen, dass man in eine ganz andere Art des Anschauens geführt wird. Wir kennen das zum Beispiel vom Anschauen einer künstlerischen Bewegung im Tanz oder im Ballett. Noch expliziter bei der Eurythmie, einer Kunst, die Sprache und Musik als Bewegung sichtbar macht, wo durch ganz bestimmte Maßnahmen das Blickverhalten übergeleitet wird in ein Bewegungskontinuum.

Damit sind wir schon an der Stelle, wo es um unser Blickverhalten geht, wo es sich als solches selbst darstellt und dadurch fassbar wird – bei der Kunst. Denn im Normalverhalten, wo unser instrumentalisiertes, auf das Begreifen des Gegenständlichen orientiertes Sehen wirksam wird, bleiben uns die Faktoren des Sehens unbewusst. Wir stehen damit am Anfang einer Ästhetik, in der es um mehr geht als um eine Lehre von dem Schönen. Es geht um eine Übung, die sich der anschauenden Sinnestätigkeit in Aktualität bewusst werden will. Das ist natürlich eine andere Wendung. Aber wenn es auf Ästhetik hinausläuft als einer übenden Vertiefung des Sehens, dann kommen wir eben an solche Fragen, bei denen es sich nicht mehr um abstrakte Theorien handelt, sondern um die Frage: Sieht man es oder sieht man es nicht? Erfährt man es oder erfährt man es nicht?

Indem man die Kunst so anschaut, dass durch sie unser sonst unbewusstes Blickverhalten bewusst wird, entsteht natürlich die Gefahr, sie zum didaktischen Paradigma herabzuwürdigen. In der Wirklichkeit des Lebenszusammenhanges, in dem Kunst entsteht, in dem Kunst vor Augen tritt, in dem Kunst geübt wird, spiegelt sich aber auch etwas von den Chancen, wie der Mensch sich durch sein Sehen überhaupt zur Welt verhält. Es geht hier also um die Direktverbindung zwischen Ich und Welt durch die Sinne. Deswegen halte ich die Sinne für das eigentliche Mysterium der Gegenwart.

Aus dieser Perspektive möchte ich heute das, was wir durch Monets Malerei in der letzten Vorlesung erfahren haben[11], erweitern durch einen – wiederum sehr einseitigen – Blick auf die Malerei von van Gogh. Ich möchte einige Momente herausgreifen, die das Sehen und das Erkennen in einer ganz bestimmten Weise tangieren. Vielleicht werden Sie dann bemerken, dass uns das unvermutet subversiv aus der anschaulichen Erfahrung entgegentritt, was wir zunächst theoretisch über das Sehen angesprochen haben.

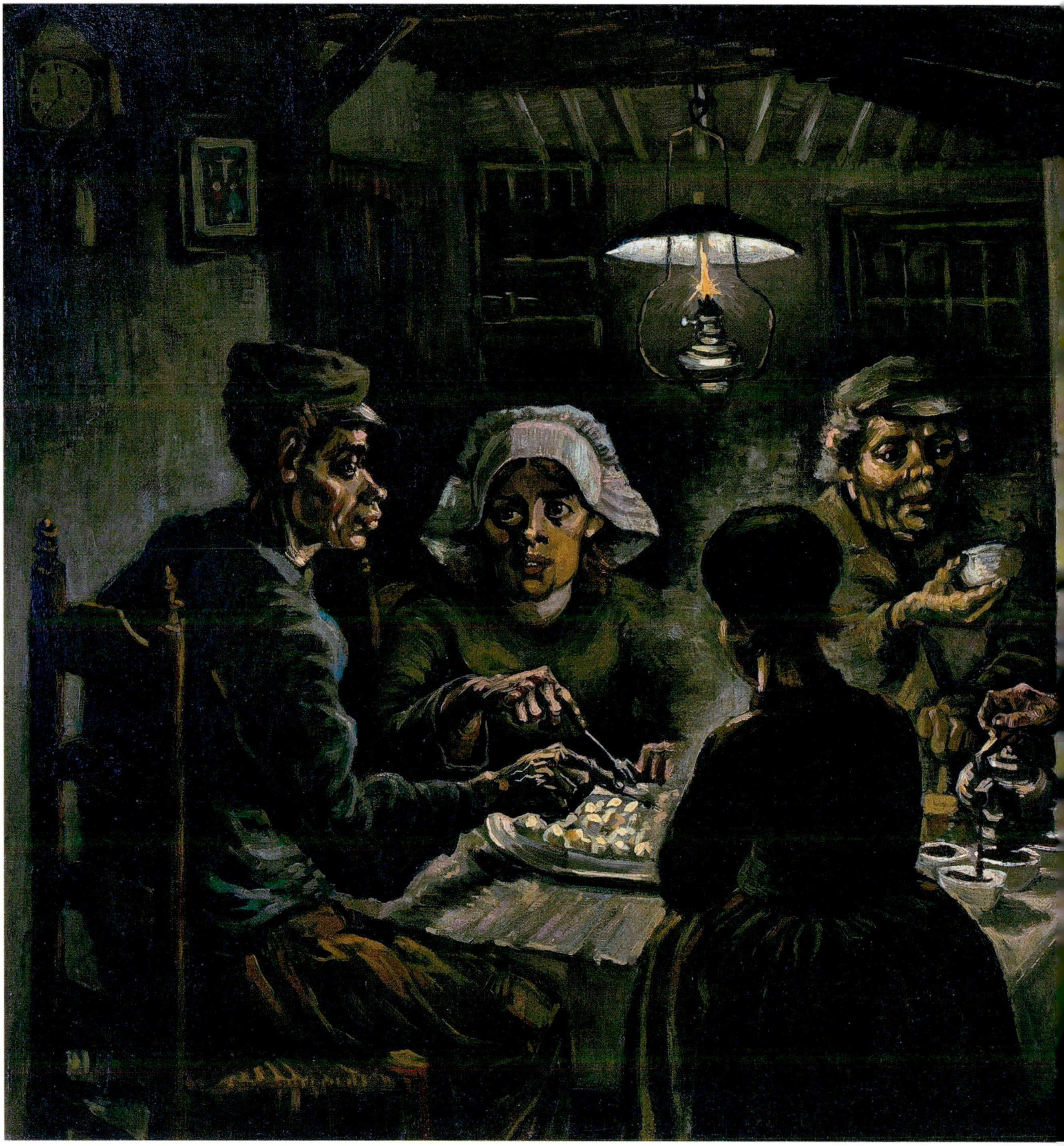

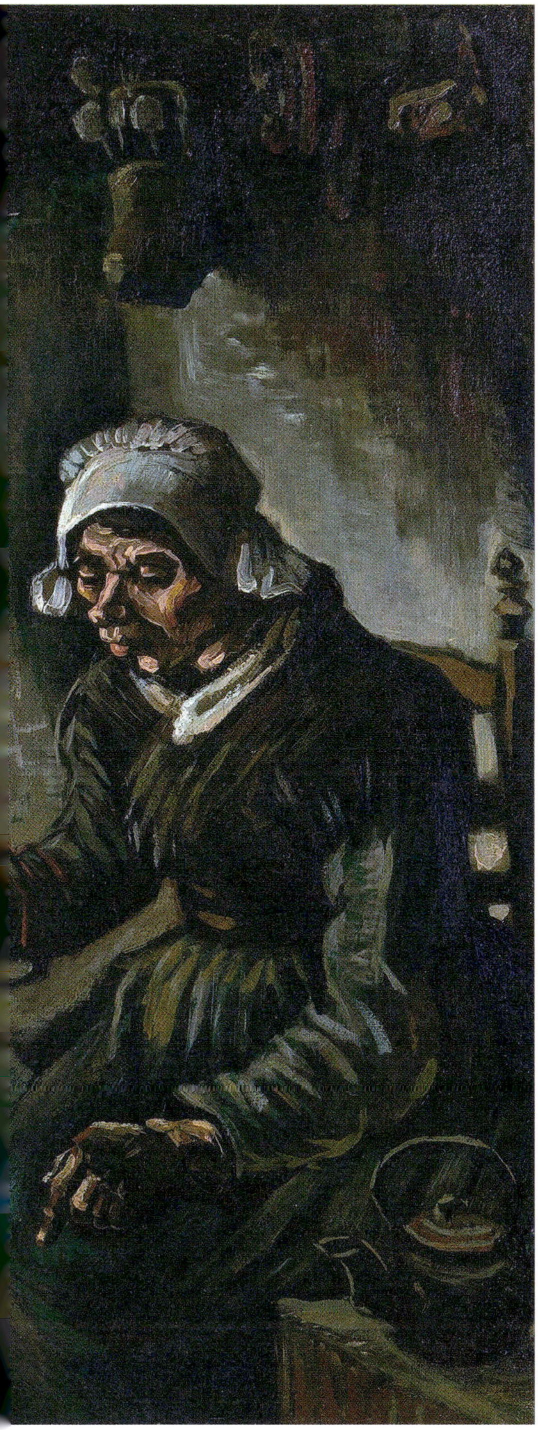

Das Frühwerk van Goghs beginnt mit einer Phase, in der er ganz stark berührt war von sozialen Impulsen. Berühmt sind die *Kartoffelesser*. Van Gogh charakterisiert selbst, um was es ihm geht: „Ich habe mich nämlich sehr bemüht, den Betrachter auf den Gedanken zu bringen, dass diese Leutchen, die bei ihrer Lampe Kartoffeln essen, mit denselben Händen, die in die Schüssel langen, auch selber die Erde umgegraben haben; das Bild spricht also von ihrer Hände Arbeit und davon, dass sie ihr Essen ehrlich verdient haben. Ich habe gewollt, dass es an eine ganz andere Lebensweise gemahnt als die unsere, die der Gebildeten. Ich möchte denn auch durchaus nicht, dass jeder es gleich schön oder gut fände.“[12]

3 | Vincent van Gogh
**Die Kartoffelesser**, 1885

Eine Bäuerin und ein Bauer beim Eingraben von Kartoffeln. Auch hier kann man den Eindruck eines bestimmten Engagements gewinnen: Es sind bestimmte typische oder fast archetypische Eindrücke und die drängen heraus. Es ist eine Art Innenbild, das van Gogh zur Erscheinung bringen will. Es scheint fast egal, in welcher Art das gemalt ist. Hauptsache ist, es wirkt und bringt zum Ausdruck, was ihn bewegt.

Vergleichen Sie das mit den duftigen Strukturen von Monets Malerei (Abb. 5), mit dieser außerordentlichen Eleganz, in der sich die Malerei überall selber zeigt.

*„Ich würde mich nicht wundern, wenn die Impressionisten bald allerlei gegen meine Malweise einzuwenden hätten (…) Denn statt genau wiederzugeben, was mir die Augen zeigen, bediene ich mich der Farbe eigenmächtiger, um mich stark auszudrücken."*[13]

Vincent van Gogh

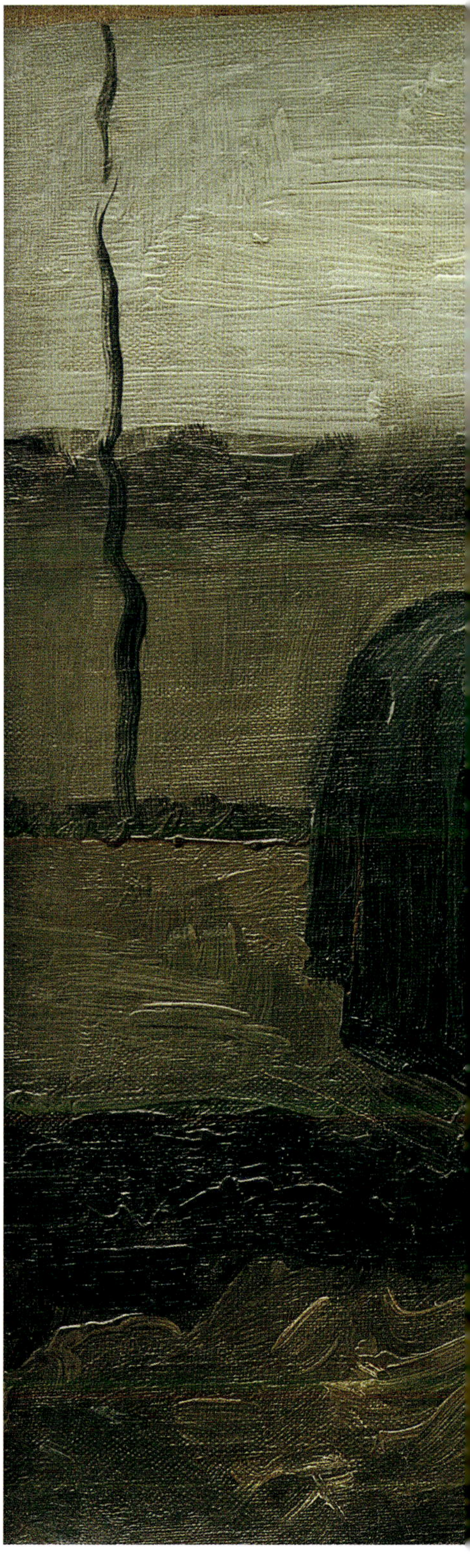

4 | Vincent van Gogh
**Kartoffelsetzen** (Paar bei der Feldarbeit), 1885

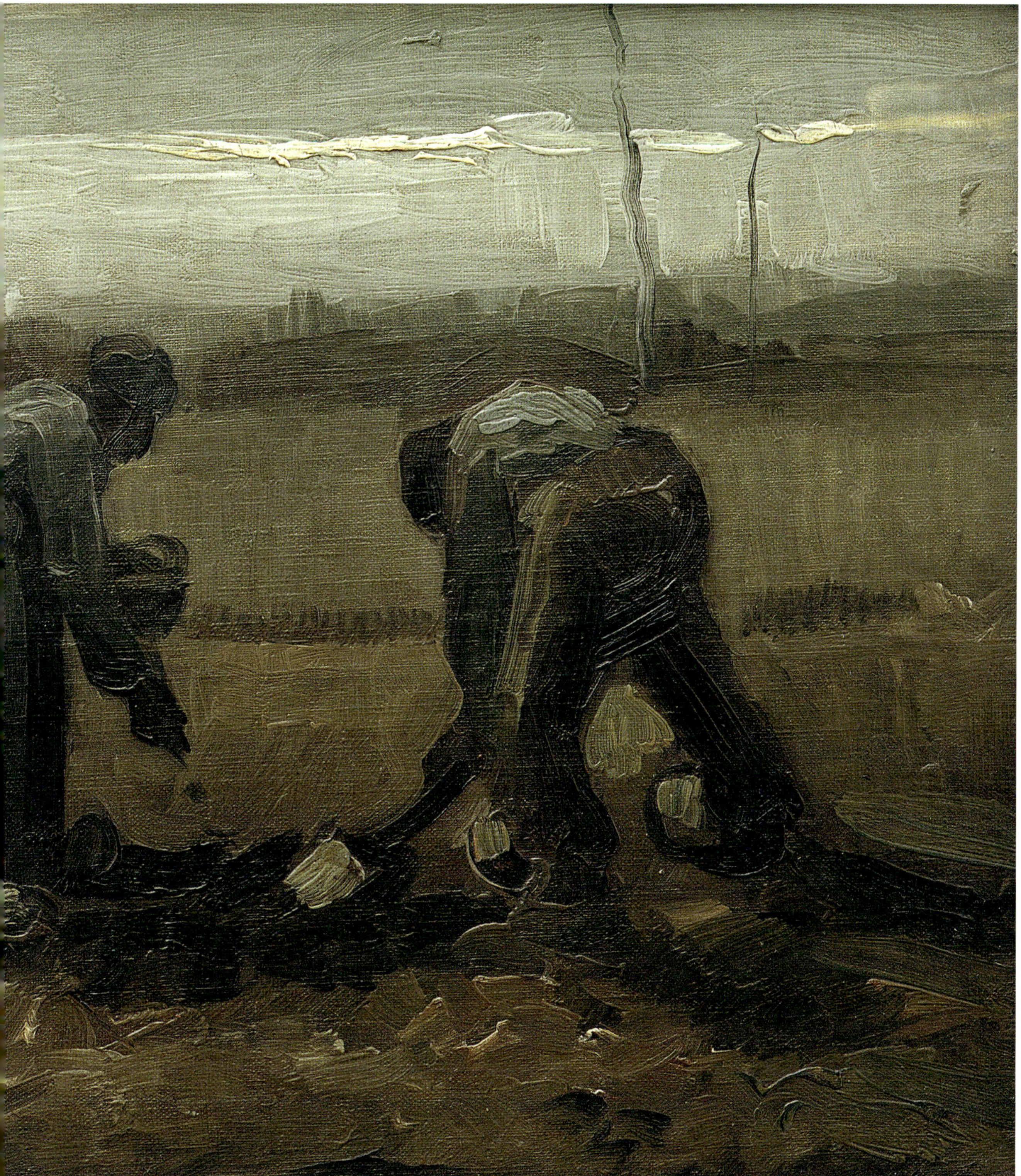

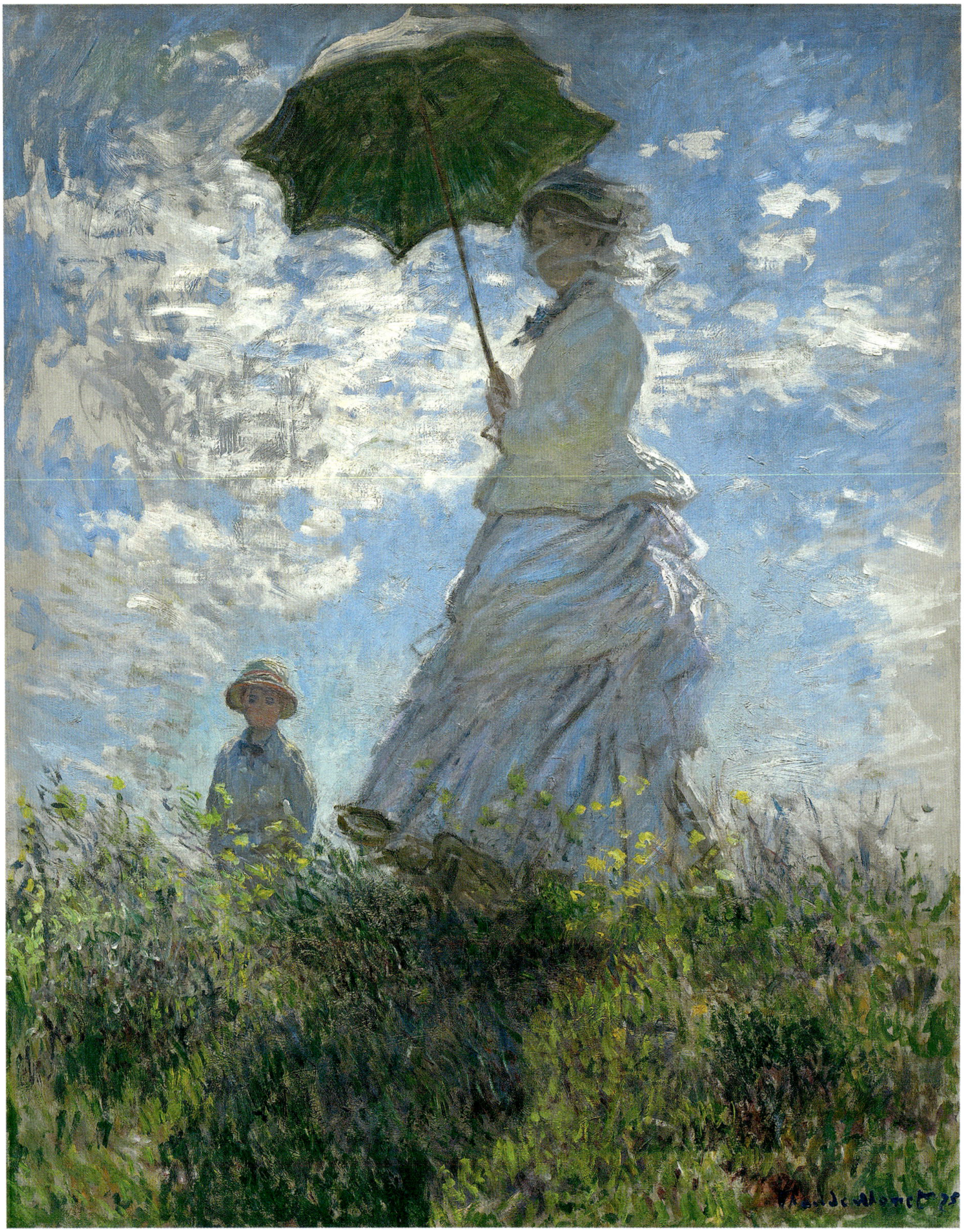

5 | Claude Monet
**Der Spaziergang**, 1875

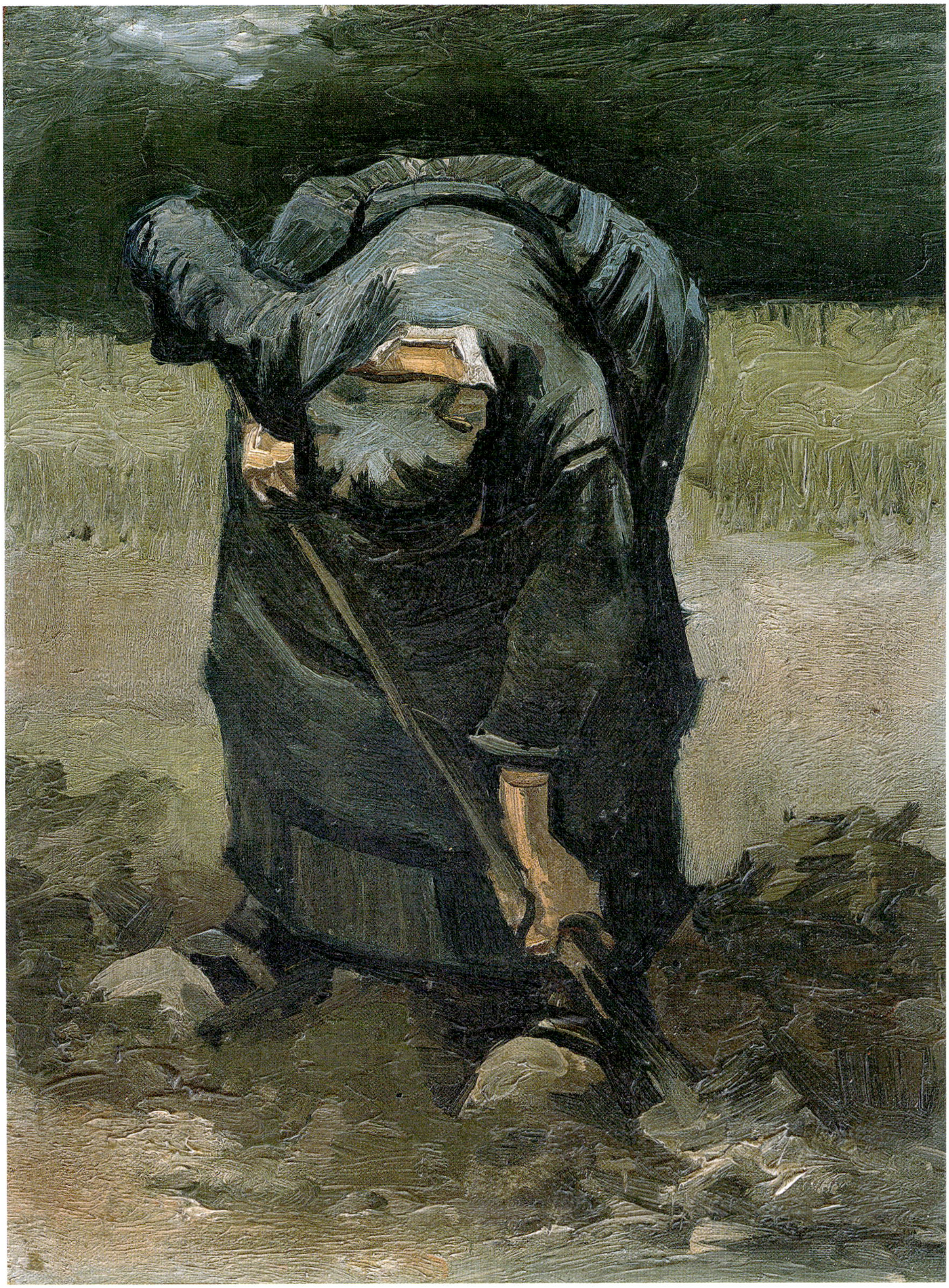

6 | Vincent van Gogh
**Bäuerin beim Umgraben**, 1885

*„Zunehmend finde ich etwas Ergreifendes und fast traurig Stimmendes in diesen armen, unbeachteten Arbeitern – den rangmäßig Niedrigsten, sozusagen den Verachtetsten.“* [14]

Vincent van Gogh

Auch hier bei der Bäuerin mit rotem Kopftuch kann man als Betrachter den Eindruck gewinnen, es komme mehr darauf an, sich auf den Ausdruck dieses Gesichtes einzulassen, als zu studieren, wie im einzelnen Farbe zu Form findet und umgekehrt.

Man könnte die gewisse Rohheit, die in dieser Malstruktur liegt, auch als eine Art Vernachlässigung des rein Malerischen ansehen, weil es nicht darauf ankommt, die Malerei schön zu machen. Es ist ein Hervordrängen. Ich möchte fast sagen, da will etwas gesehen werden, da soll etwas gezeigt werden und es ist eigentlich fast gleichgültig, ob es gut gemalt ist.

7 | Vincent van Gogh
**Kopf einer Frau**, 1885

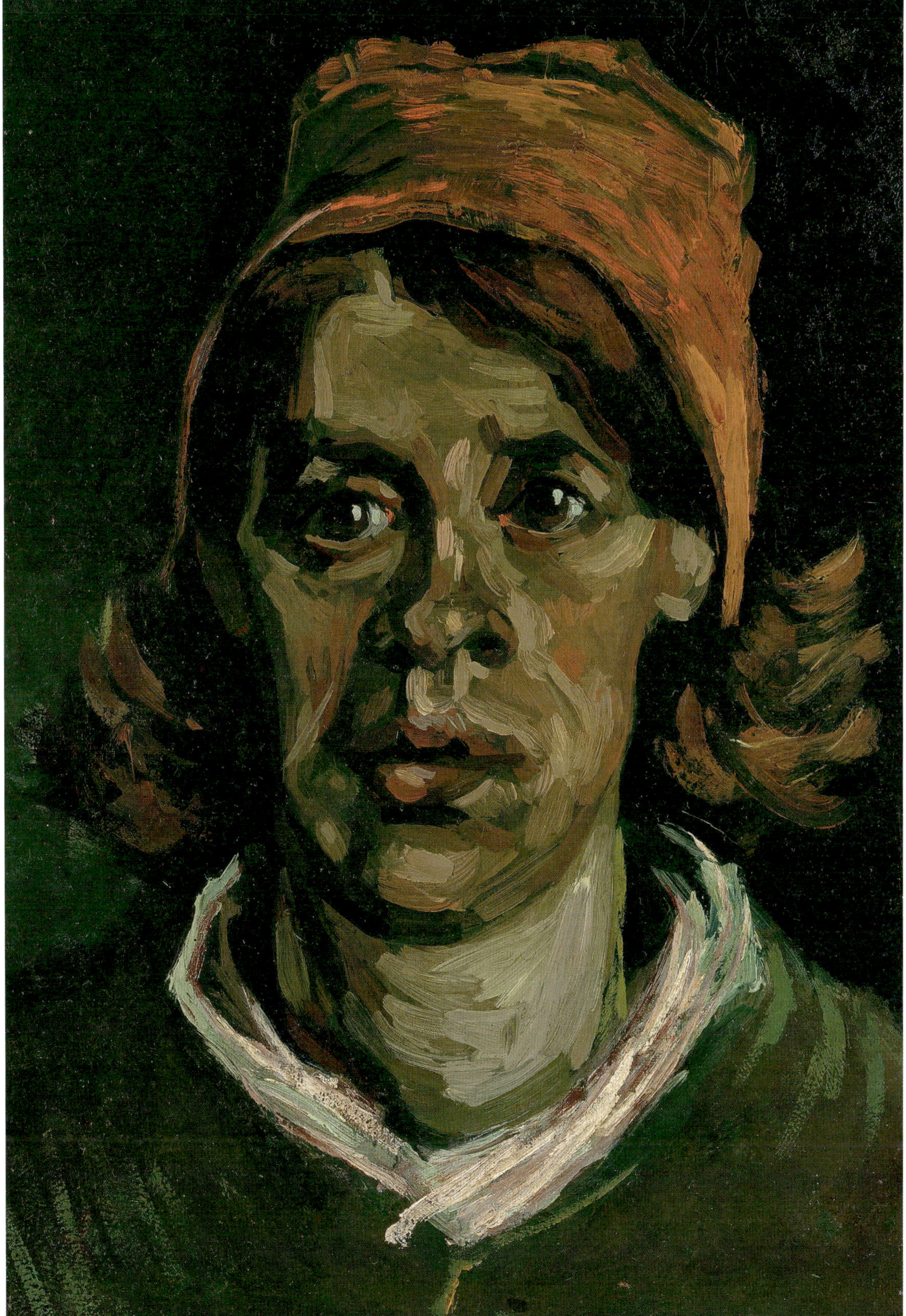

Auch hier ist nicht so sehr die Frage, dass man jetzt eine schicke Malerei vor sich hat, die ein entsprechendes Thema sucht, das einen tollen Appell hat und dann entsprechend realisiert wird. Vielmehr hat diese Malerei als ein Eigenwert zurückzutreten vor dem, was da als soziale Erfahrung, als Betroffenheit, als Innenerlebnis in dem Künstler lebt. Das Innenerlebnis, es drängt nach außen und sucht sich die Form, die es eben gerade braucht.

Ich übertreibe maßlos, aber es ist tendenziell richtig, wenn man beobachtet, wie der Anfang von van Goghs Malerei diesen Charakter hat. Er hat ja seine akademische Ausbildung in der Malerei abgebrochen. Er kam nicht mit einer Manier in die Malerei herein, die er übernommen hat, sondern er hat sozusagen mit Händen und Füßen gemalt, um das, was in ihm lebte, zur Expression zu treiben.

Das hatte für die Entwicklung der Malerei ungeheure Folgen, die wir auch bei Cézannes Frühwerk noch beobachten werden. Es geht hier nicht um eine *peinture riche*, also um eine reiche, sich selbst entfaltende Malerei, sondern es entsteht etwas wie eine *peinture pure* oder fast eine *painture pauvre*, eine arme, nicht sich selbst zeigende, sondern vollkommen nur dem Ausdruck dienende Malerei. So fängt also van Gogh an und ich halte es für wichtig, das zu kontrastieren mit dem nächsten Bild.

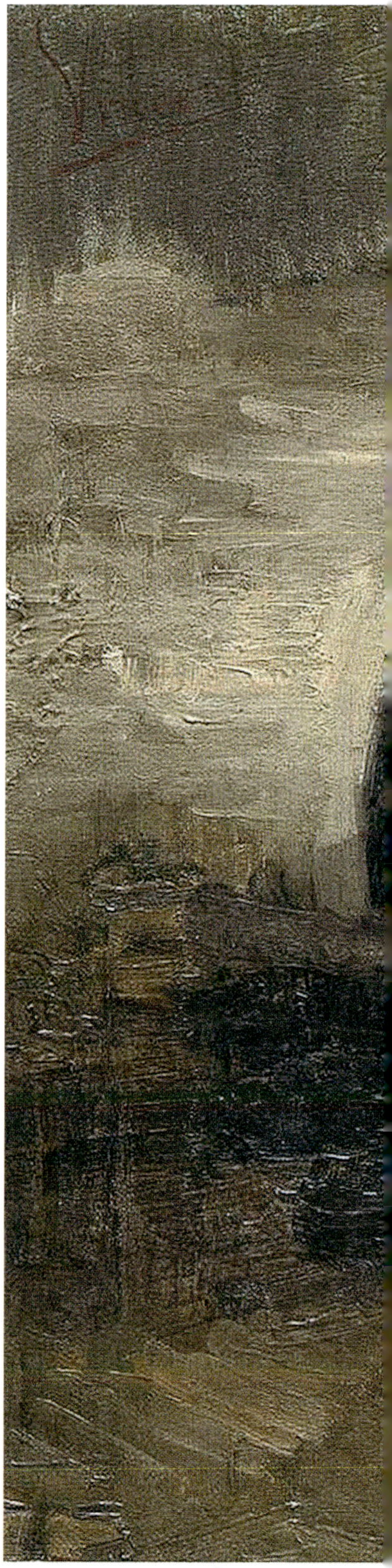

8 | Vincent van Gogh
**Schuhe**, 1886

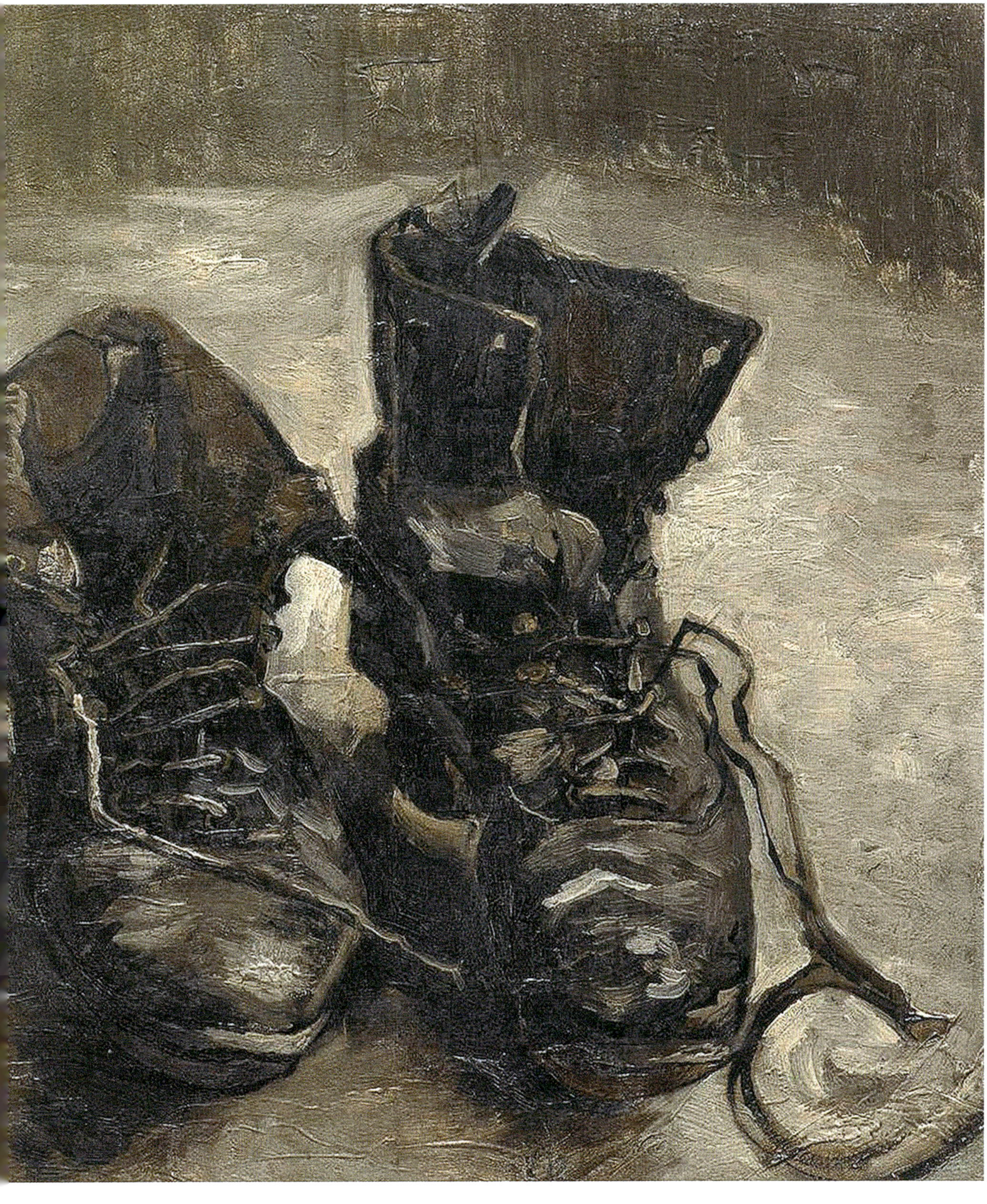

Man kann ja vor dem Hintergrund der Bilder, die wir gerade gesehen haben, fast nicht annehmen, dass das derselbe Maler gemalt hat.

Sie bemerken vielleicht, dass man hier sicher Unterschiede machen muss, ob man das Bild aus der Nähe sieht oder aus der Ferne. Und weil wir jetzt nicht die Distanz zu dem Bild verändern können, sehen wir hier auch ein Detail aus der Nahsicht (Abb. S. 34). So hat man die Chance zu bemerken, dass die einzelnen Elemente sich fast so verbinden wie bei einem impressionistischen Bild, wo aus lauter Tupfen eine bestimmte vibrierende Oberfläche entsteht, die die Dinge nicht in ihrer Gegenständlichkeit fassbar macht, sondern wo man mit dem Blick hineingeht, wo man das Atmosphärische wahrnehmen kann. Diese Malerei erfasst das Spiel des Lichtes zwischen den Dingen, wie das eben bei Monet ganz wunderbar entwickelt wurde.

9 | Vincent van Gogh
**Blumengarten**, 1888

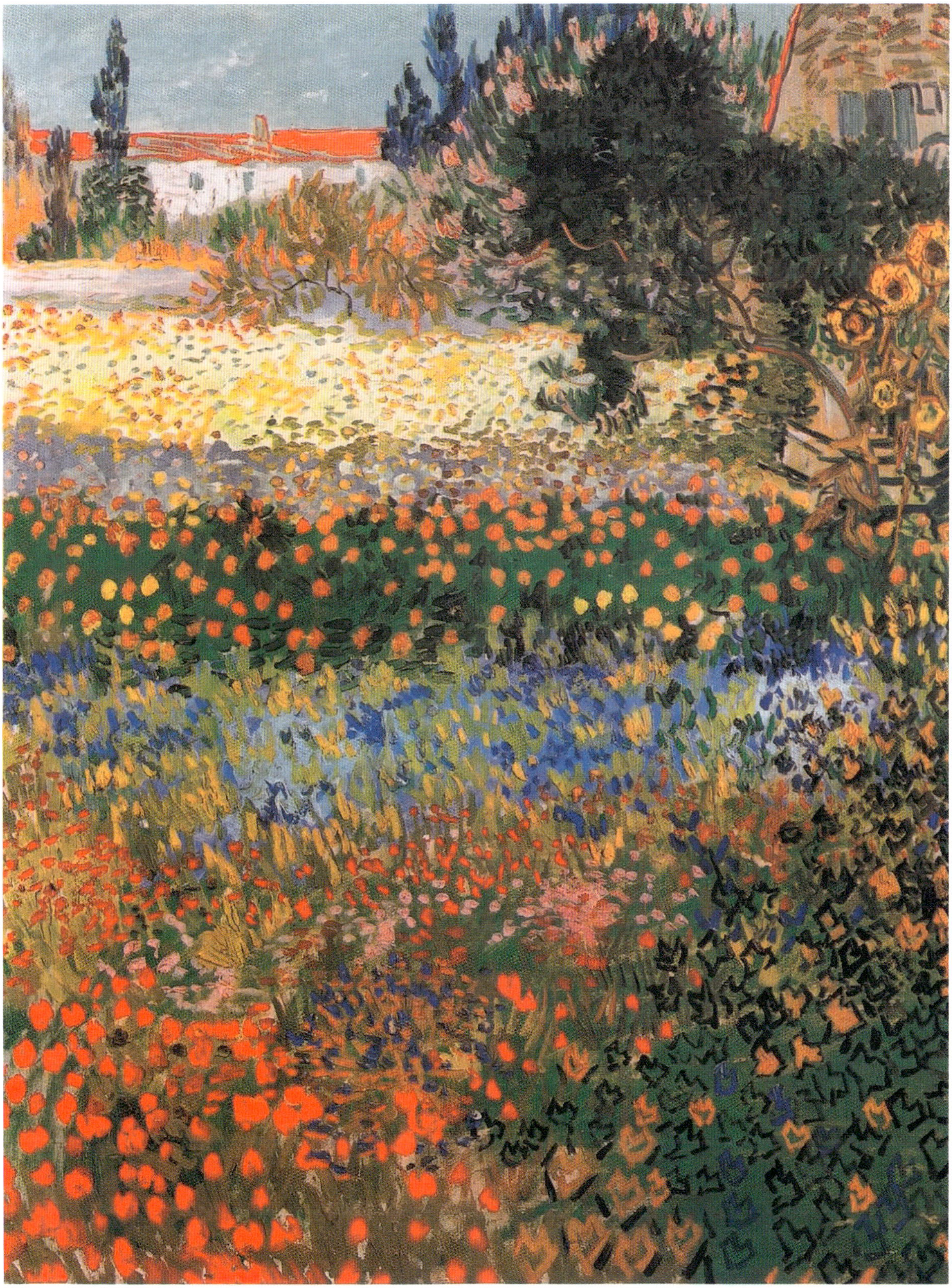

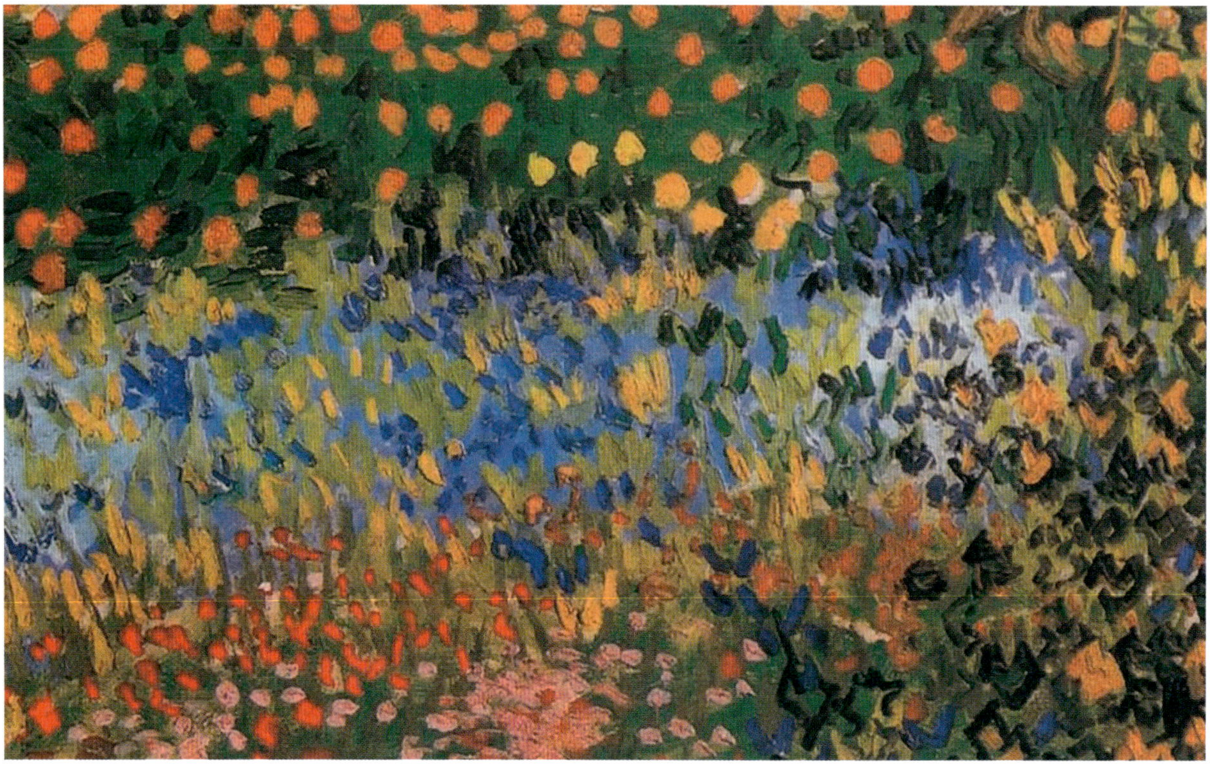

Vincent van Gogh, **Blumengarten**, 1888 (Detail)

Aber aus der Nähe betrachtet kommt bei van Gogh etwas hinzu. Wir sehen hier nicht wie beispielsweise bei Signac (s. oben rechts) annähernd gleichgeformte Tupfenformen, die sich dann im Auge physiologisch zusammenschließen zu dem Farbeindruck. Es lässt sich vielmehr beobachten, wie nun auf bestimmten Bilduntergründen – zum Beispiel in der Mitte auf einer blauen Fläche auf weißem Grund (rechts oben) – verschiedene Tupfen aufgeführt werden: vereinfachte eckige, längliche Formen, anfänglich differenzierte Striche und runde Tupfen, die wie Tulpen aussehen.

Van Gogh übernimmt erst einmal eine gewisse Technik, die er bei den Impressionisten gesehen hat, dass man nämlich durch kleine Tupfen das, was in der Natur auch vereinzelt ist, zusammentragen kann zu einem gesamthaften Bild. Das ist der Eindruck, wenn man das ganze Bild aus einer gewissen Distanz anschaut. Aus der Nahsicht sieht man aber, dass es kein Einheitsduktus ist, sondern dass die einzelnen Tupfen individualisiert sind.

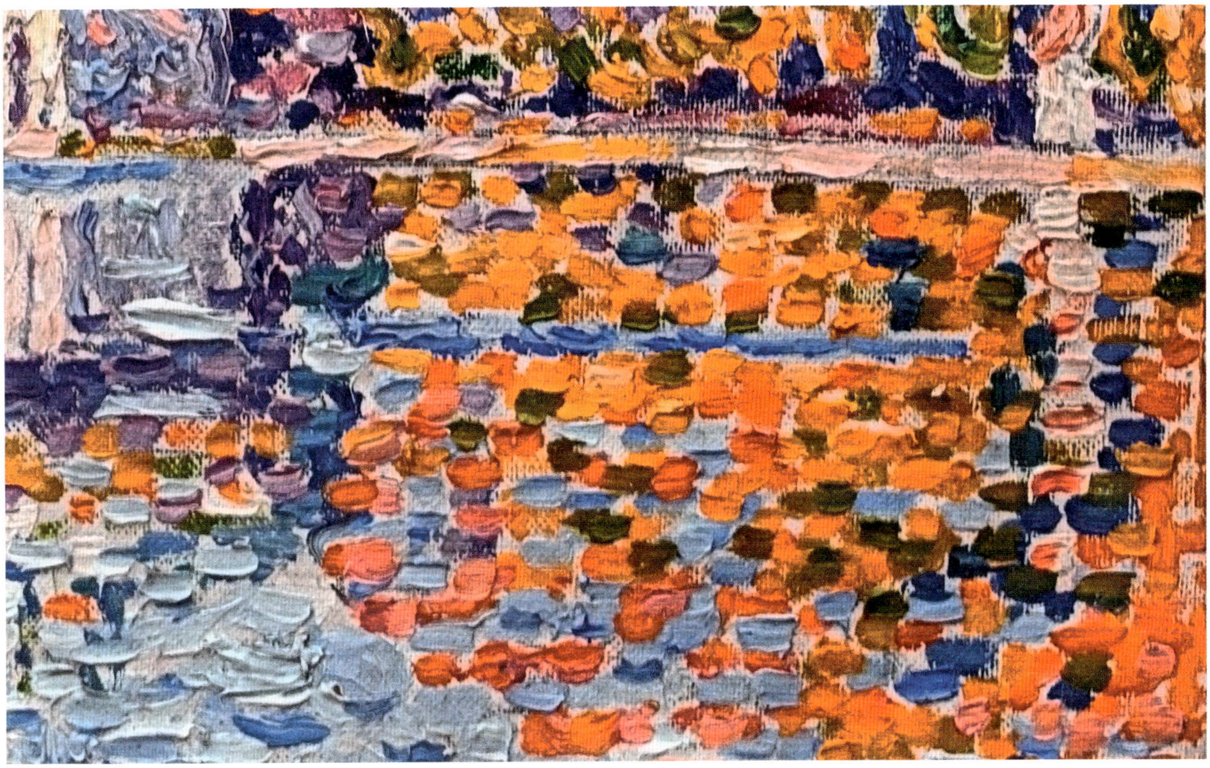

Paul Signac, **Die Seine bei Samois** (Studie), 1899 (Detail)

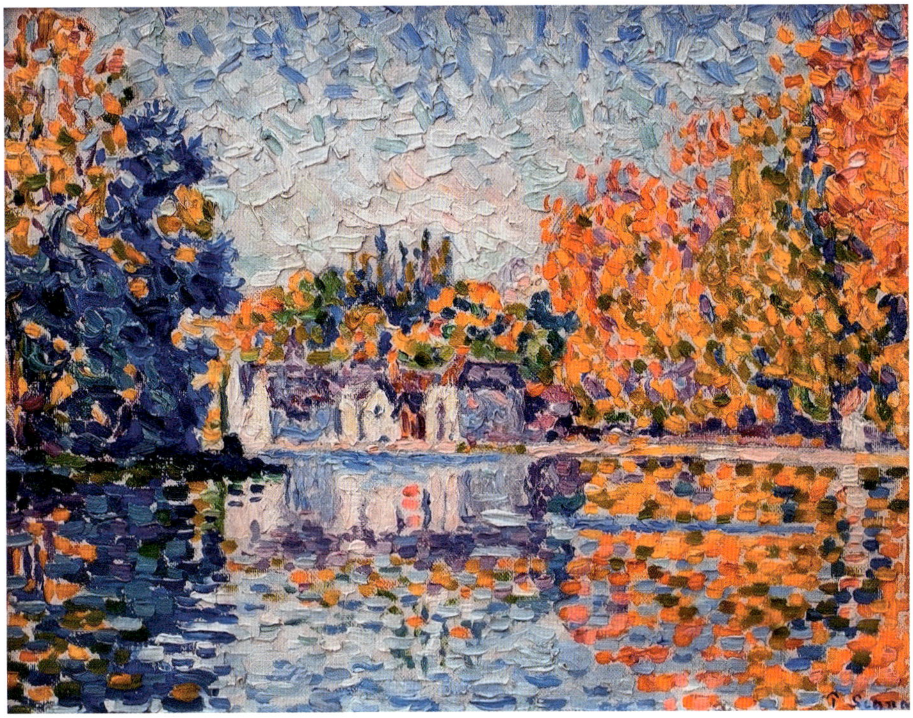

10 | Paul Signac,
**Die Seine bei Samois**
(Studie), 1899

Wie beim *Blumengarten* so lässt sich auch bei diesem Landschaftsbild beobachten, wie van Gogh scheinbar völlig darauf verzichtet auszusprechen, was in ihm lebt. Wir sehen, wie seine Malerei sich ganz stark einformt und der Landschaftsstruktur anpasst. Wir sehen ein Kornfeld, einen Zaun und wieder einen Zaun. Durch die horizontale Erstreckung baut sich eine Schicht über der anderen, ein räumliches Kontinuum in der Vorstellung auf. Es entsteht hier ein ganz objektiver Eindruck von der Landschaft.

Wie es bei den ersten Bildern vorzüglich darum ging, die Eindrücklichkeit eines sozialen Appells zum Ausdruck zu bringen, so sehen wir hier, wie sich van Gogh in seinem Strich jedem einzelnen Ding anpasst und sich die Struktur so zu eigen macht, dass der Pinsel schon wie von selbst die jeweilige Struktur aufnimmt. Es ist nicht ein Abbild von dem, was man fotografisch sehen würde, sondern wir sehen, wie sich der Strukturcharakter einer durch Felder gegliederten Kulturlandschaft offenbart. Ich gehe jetzt mal auf die Farben nicht ein.

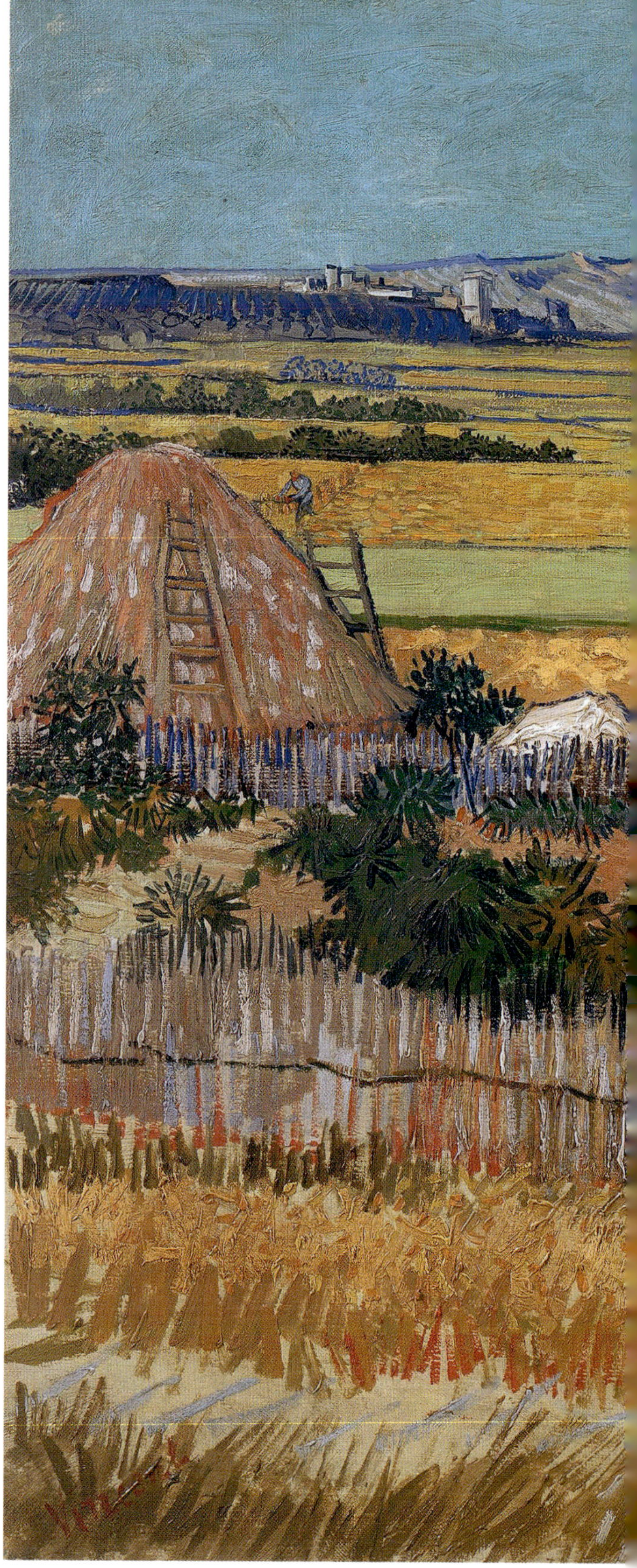

11 | Vincent van Gogh
**Die Ernte**, 1888

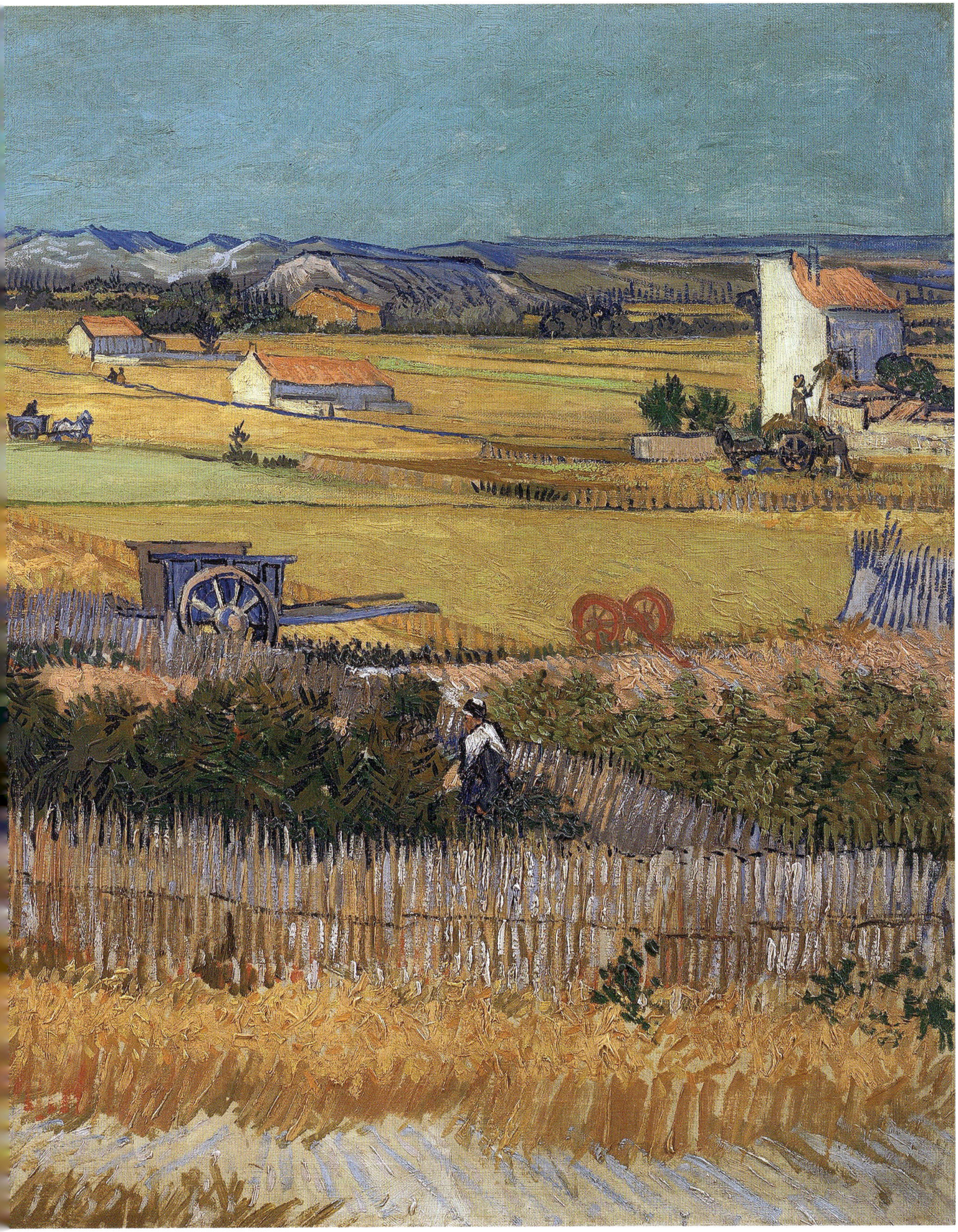

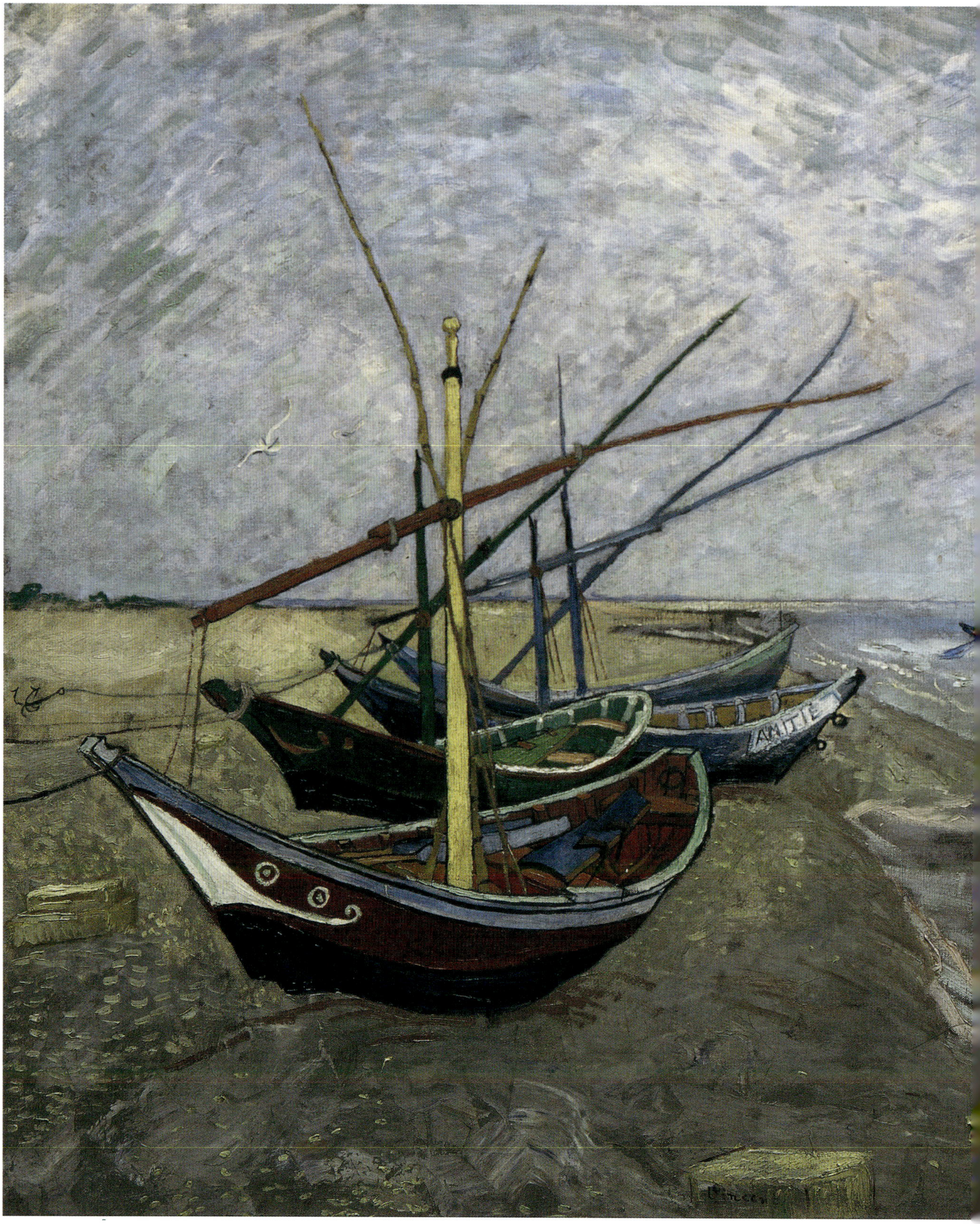
AMITIE

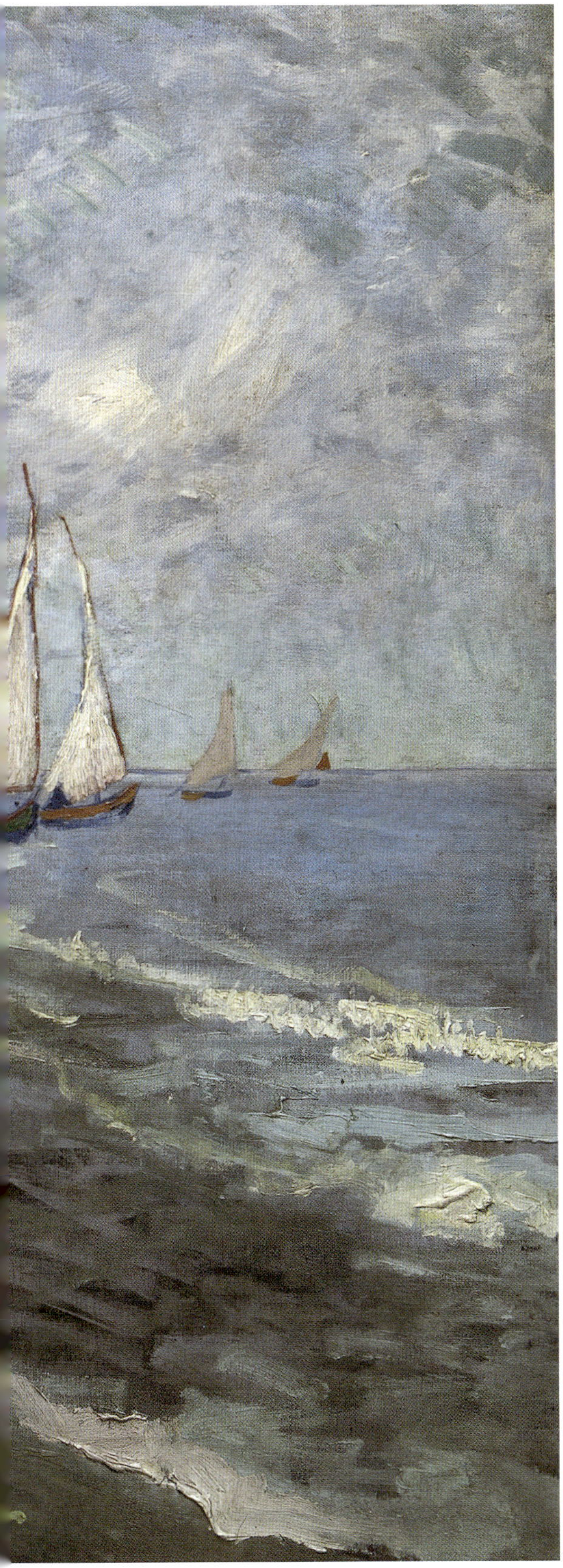

An diesem Bild können wir nun beobachten, wie van Gogh an seiner Pinselführung weiterarbeitet. Auch hier können wir den Eindruck haben, das ist ganz nach außen hin orientiert gemalt. So ein Boot wie dieses im Vordergrund erscheint griffig und präsent. Es kommt hier aber noch etwas hinzu. Durch die Reihe von Booten – sie werden nach hinten zu immer kleiner – entsteht zugleich auch der Eindruck einer Dynamik in der Tiefenstaffelung dieser Gegenstände. Wenn man nun mit dem Blick vom letzten Boot hinten nach vorne geht, ist es so, als würde einem das vordere Boot noch stärker entgegenkommen. Die Distanz erscheint wie aufgehoben. Auch ein solcher Kunstgriff wie die feinen Linien, die über den linken Bildrand hinausgehen, führt den Blick noch etwas weiter, sodass für den Betrachter das Gefühl aufkommt: Ich bin unmittelbar mit dem Bildgeschehen verknüpft.

Wenn wir das so beobachten, wo sind wir denn dabei mit unserer Aufmerksamkeit? Wir können da hin und her gehen, und in dem Hin und Her die verschiedenen Größen, die verschiedenen Deutlichkeitsgrade, die verschiedenen Erscheinungsweisen von Wasser, Strand und Wolken ganz genau ablesen. Aber mit einem Ausdruck des Inneren hat das hier zunächst nichts mehr zu tun. Dieser Ausdruck scheint vielmehr ganz das zu sein, was die Natur der Sache als Formkraft fordert. Die Intensität in der Dingpräsenz entsteht gerade dadurch, dass van Gogh auf alles andere verzichtet – der Strand ist nurmehr Vorwand – da ist nur diese Reihe von Booten. Aber es kommt auch nicht so sehr auf die Boote als Boote an, sondern eben ganz auf ihre Präsenz als Dinge, die sich vom Vordergrund bis zum Hintergrund prinzipiell gleichen und die doch jedes Mal ganz verschieden ansichtig werden. Schließlich sind es nur noch Farbflächen. Die vorderen Boote werden stufenweise immer differenzierter in der Farb- und Formgebung bis in einzelne Details.

12 | Vincent van Gogh
**Fischerboote auf dem Strand von Saintes-Maries-de-la-Mer**, 1888

Zum Kontrast jetzt das nächste Bild. Lassen Sie es einen kleinen Moment auf sich wirken. Dann gehen Sie noch einmal zurück zum letzten Bild. Es kommt mir darauf an, dass sie in eine Art Betrachtungsbewegung kommen im Übergang von Bild zu Bild (nächste Doppelseite).

Auch hier wieder sind einzelne Gegenstände sehr differenziert gemalt, aber doch wieder vereinheitlicht in dieser dunklen Struktur im Vordergrund. Und dann ist zwischen Himmel und Wasser ein blauer Streifen, eine Art Horizont, eingezogen.

Es fällt auf, dass die Wasserfläche im Vergleich zu dem letzten Bild keine Eigenfarbe mehr hat. Das könnte gerade noch gegenständlich motiviert sein als Spiegelbild des farbigen Himmels. Aber hier kommt eine ganz andere Dimension zum Vorschein: die Intensität, in der sich das Gelb und Gelb/Rot entfalten und zu einem Eigenwert werden, der das, was an einzelnen Gegenstandsinformationen gegeben wird, überwogt. Die Farbe wirkt hier viel stärker in ihrem Gesamteindruck. Wenn Sie die roten Pinselstriche, die ja noch farbig beleuchtete Wolken andeuten könnten, ernstnehmen, ist die Farbintensität dieses Bildes so stark, dass das, was als Farbwirkung da ist, die Dingwirkung überwiegt – ganz im Gegensatz zum vorherigen Bild. Van Gogh konzentriert sich in dem einen Bild ganz auf das Erfassen des Sinnlich-Präsenten, Gegenständlich-Wiedererkennbaren, bis in die Pinselführung hinein. Im anderen Bild steigert er die Farbwirkung bis an die Grenze des nicht mehr gegenständlich Motivierten.

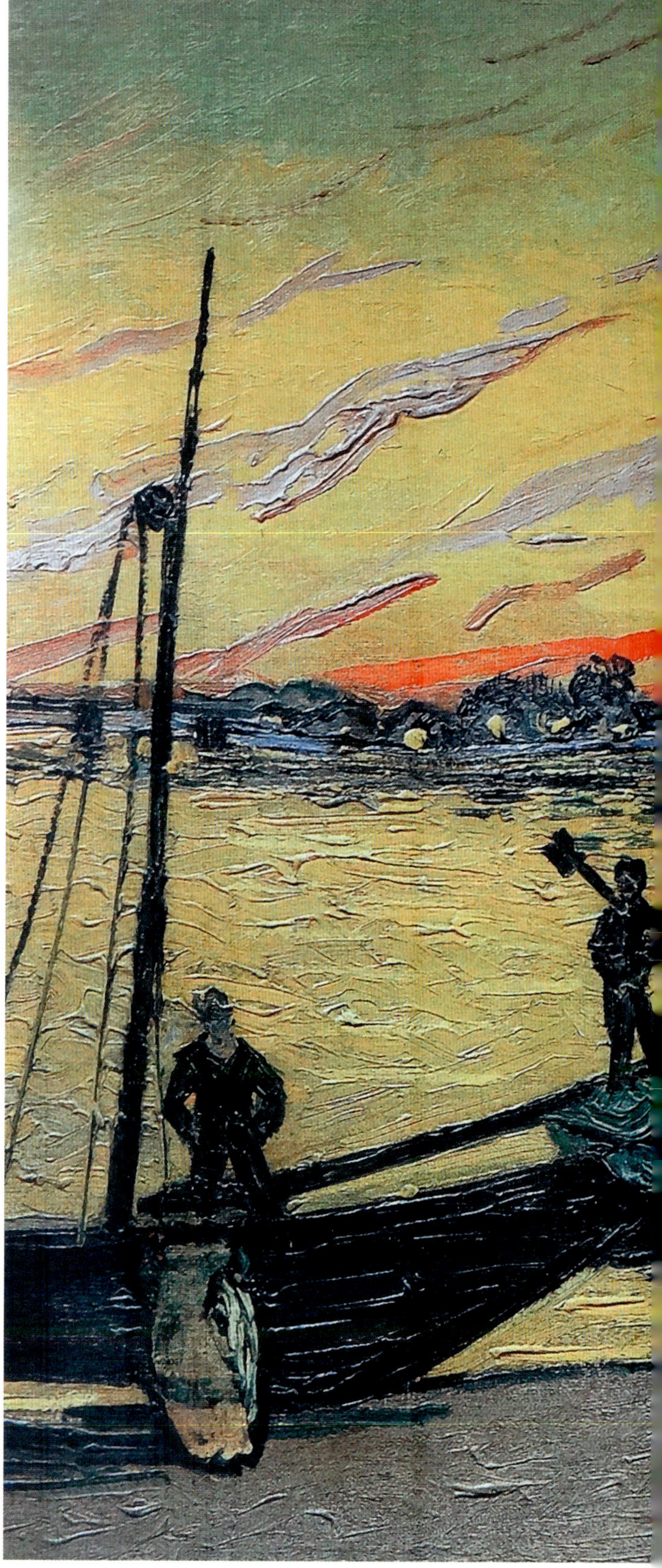

13 | Vincent van Gogh
Lastkähne bei Sonnenuntergang, 1888

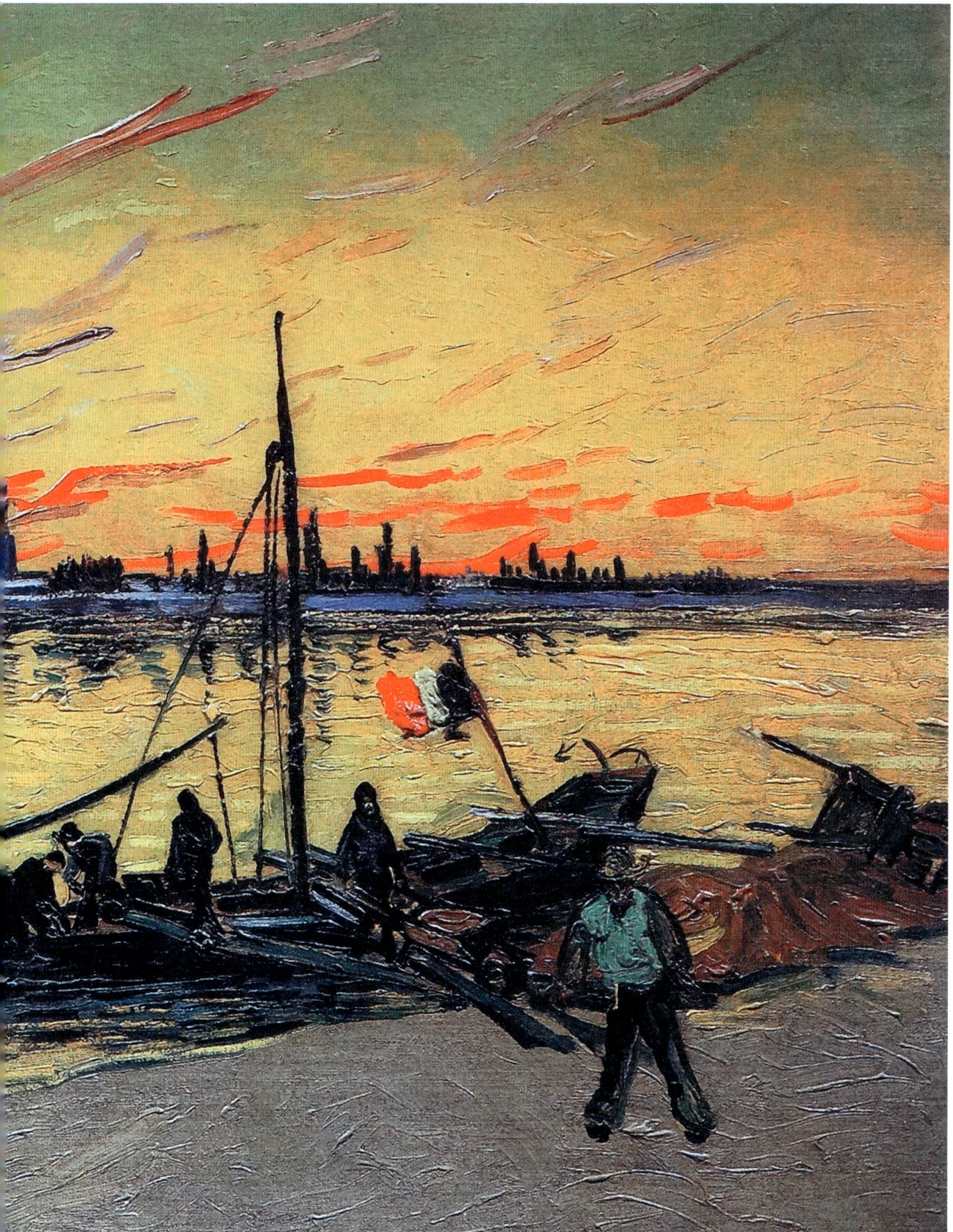

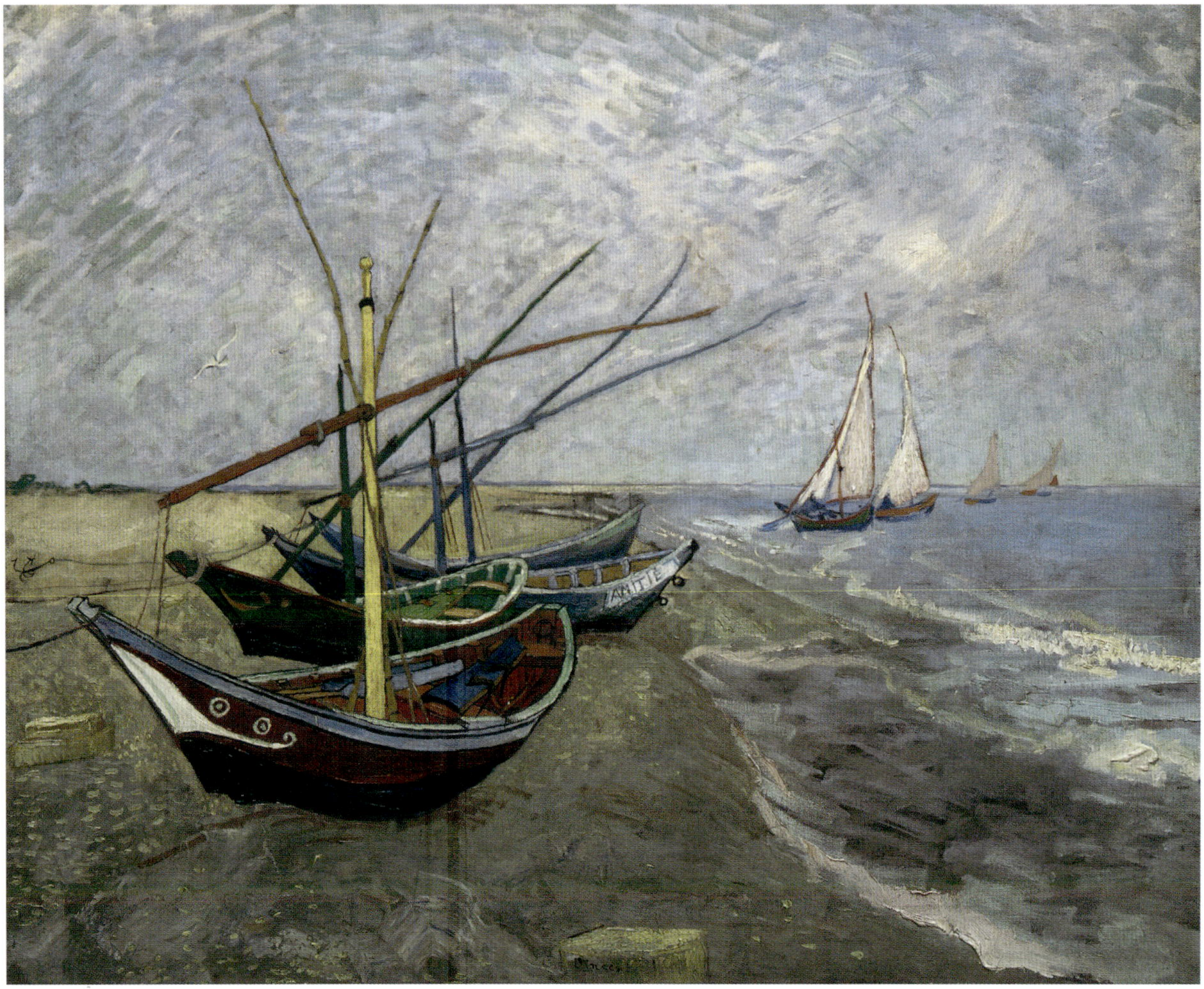

# DINGWIRKUNG

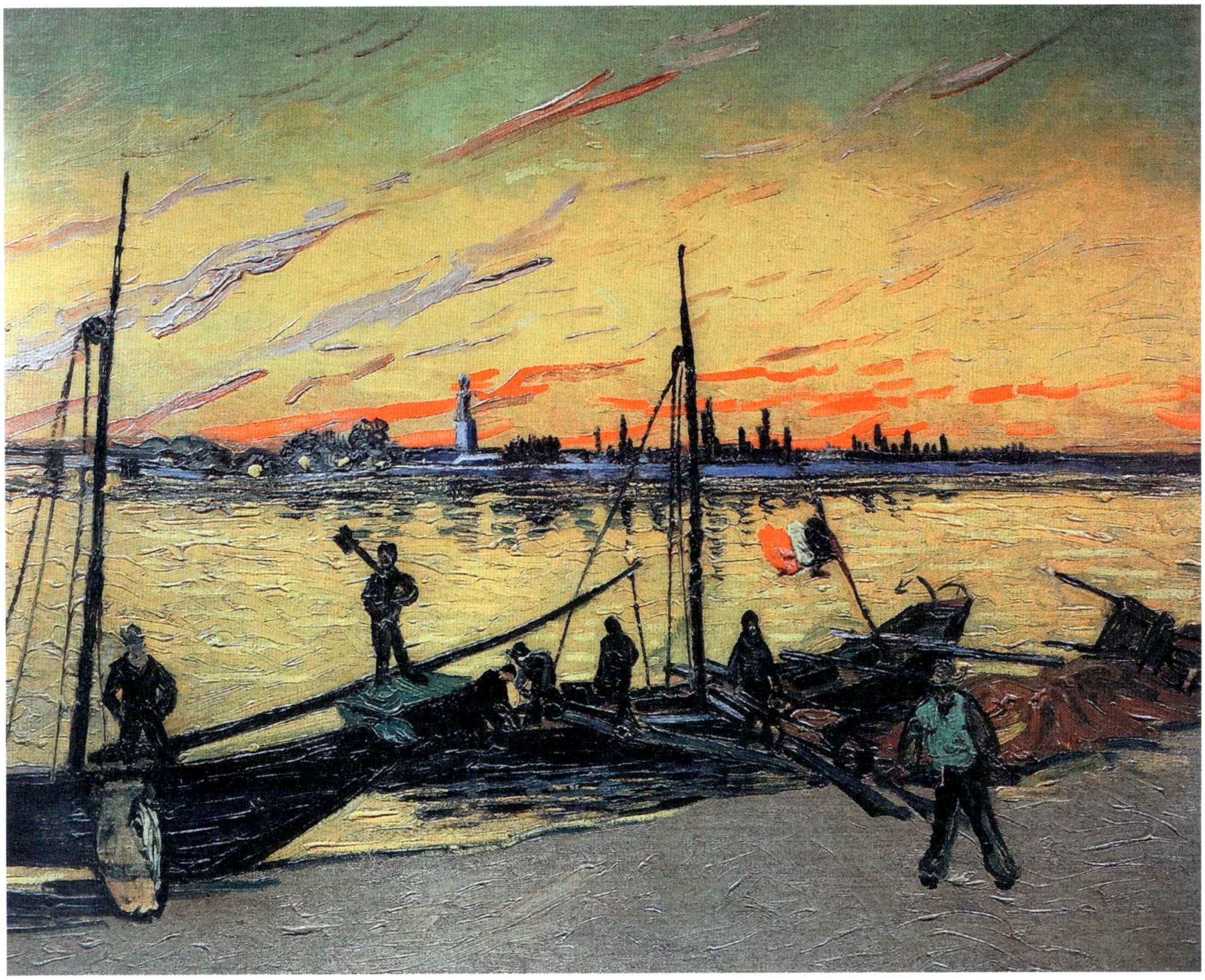

# FARBWIRKUNG

Bei diesem Bild sehen Sie die Konzentration auf ein Gestaltelement, das schon vom Sujet her nicht wieder rein Natur ist, sondern ausdruckshafter Appell: Eine Straßenszene des 14. Juli in Paris, wo Volksfest ist und überall Wimpel hängen, wo der Gegenstand selbst anfängt, sich zu bewegen, zu flattern, wo aber dieses Rot einen Eigenappell hat, eine eigene Wirkung, die stärker ist als das, was sich an gegenständlichen Details erfassen lässt.

Hier wirken wieder mehr das Rot oder das Blau oder auch einfach das Durcheinander selbst, während es van Gogh bei dem Landschaftsbild *Die Ernte* (Abb. 11) offenbar genau darauf ankommt, den Pinselstrich bis in die einzelnen Halme und Grannen und so weiter dem anzuformen, was die Natur dem Blick an Formen anbietet.

In dieser Polarität bewegt sich van Goghs Malerei.

14 | Vincent van Gogh
**Der 14. Juli**, 1886

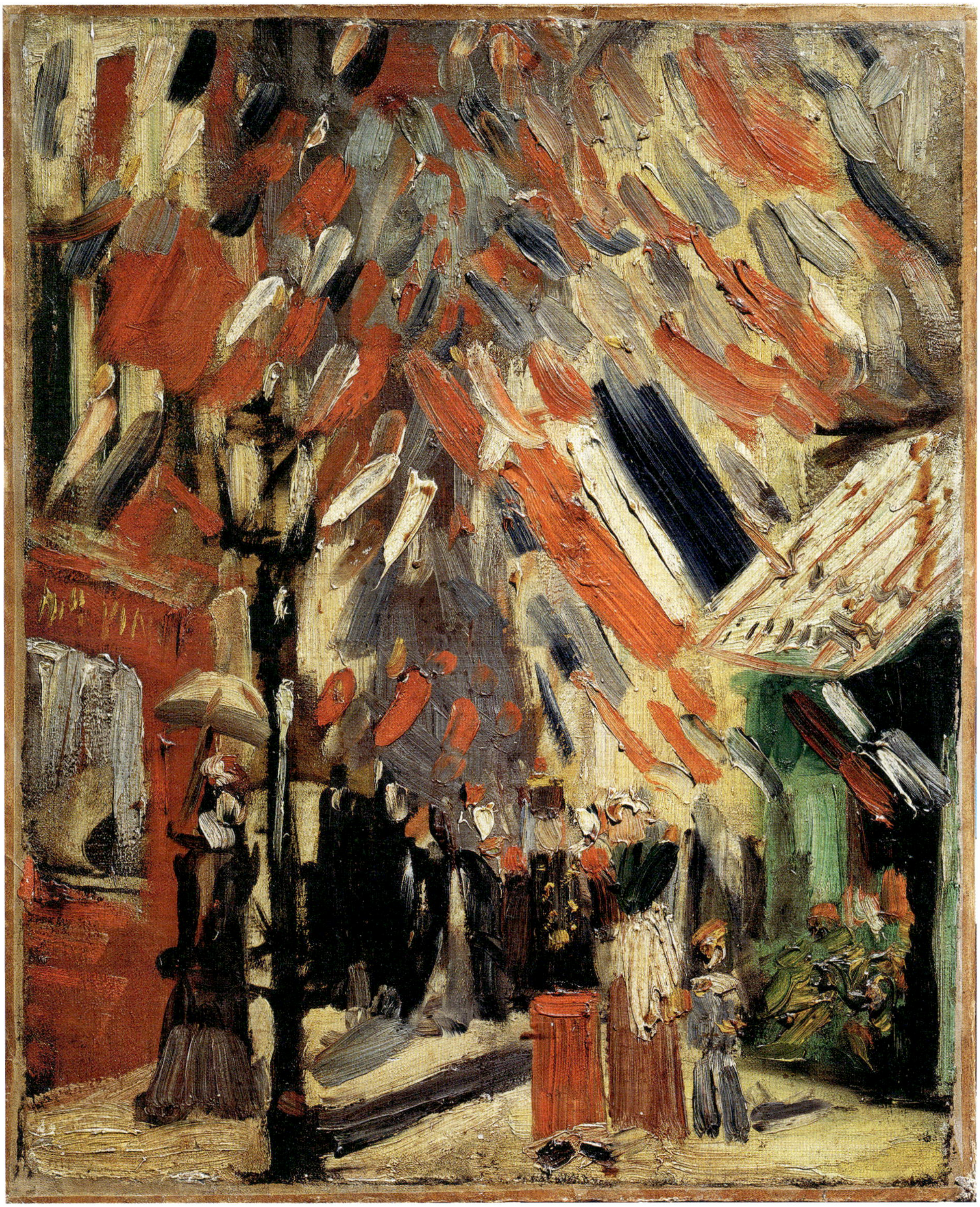

Bei diesem Bild treten nun das Farberfassen und die formale Dinggestaltung in ein ganz unerwartetes Verhältnis. Sehr schnell ist hier ja zu konstatieren, dass da ein Weg ist, ein Park mit Bäumen, die rechts und links eine Allee bilden. Die gelben Partikel im Bild sind, wenn man den Titel kennt, auch schnell als *Fallende Blätter* zu identifizieren. Es handelt sich offenbar um die Herbstzeit und da gehen Figuren auf und ab. Wir erkennen Bänke, weiter hinten einen Rasen. Ganz gewiss ist die Perspektive ziemlich kühn gewählt, aber man kann auch das noch einreihen in den Plan kühner Perspektiven, wie sie der Impressionismus vorführt.

Ich möchte aber mit diesem Bild noch eine weitere, für den künstlerischen Weg van Goghs wesentliche Wirkungsebene ansprechen: Sie wissen, dass das hier im Vordergrund Bäume sind, von denen wir nur einen Teil sehen. Sie scheinen uns deshalb ganz nahe gerückt. Jetzt bitte ich Sie, auf das ganze Bild hinzublicken und eine Zeit lang zu dösen. Ich könnte auch sagen, träumen Sie mal darauf, ohne die Augen allzu stark zu bewegen. Fragen Sie sich dabei, wo vorne und wo hinten ist.

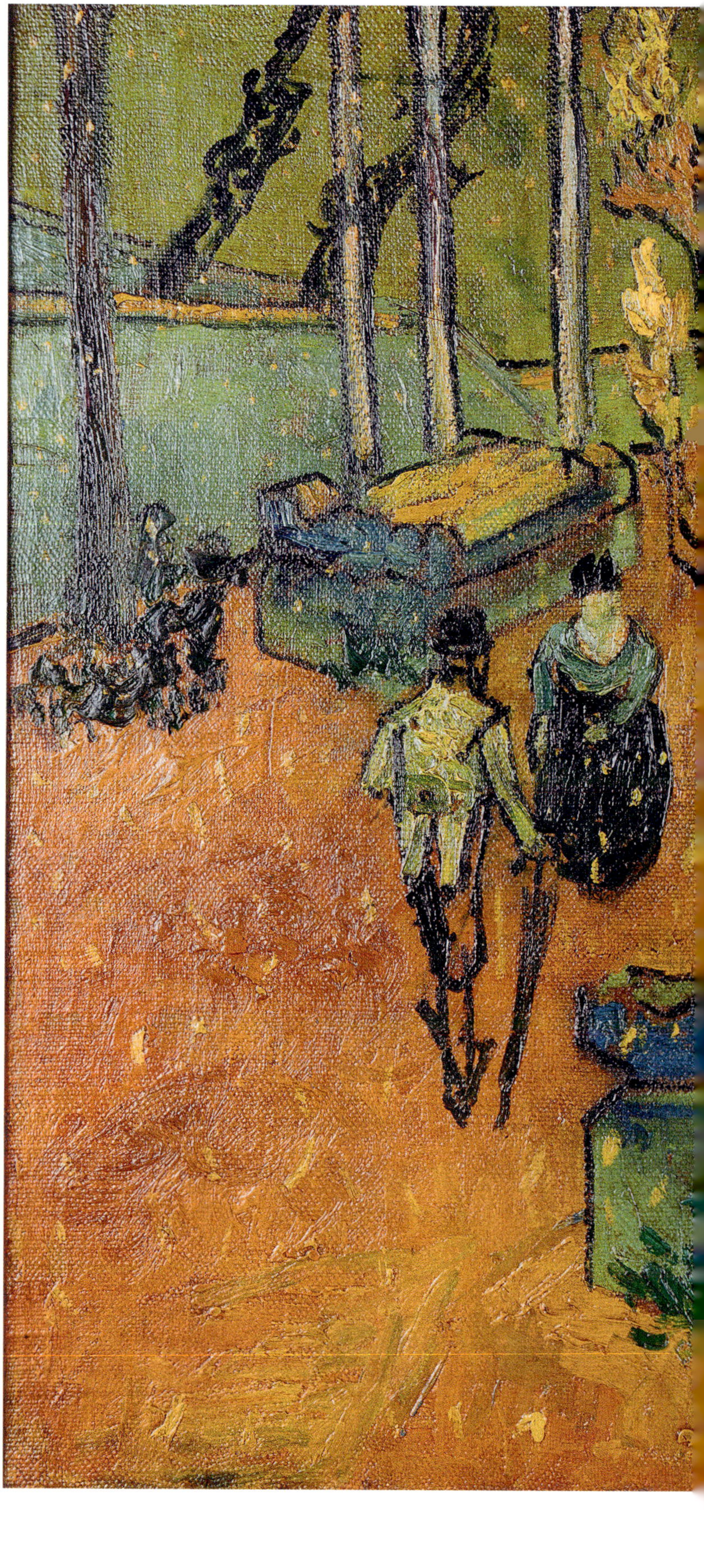

15 | Vincent van Gogh
**Fallende Blätter (Les Alyscamps)**, 1888

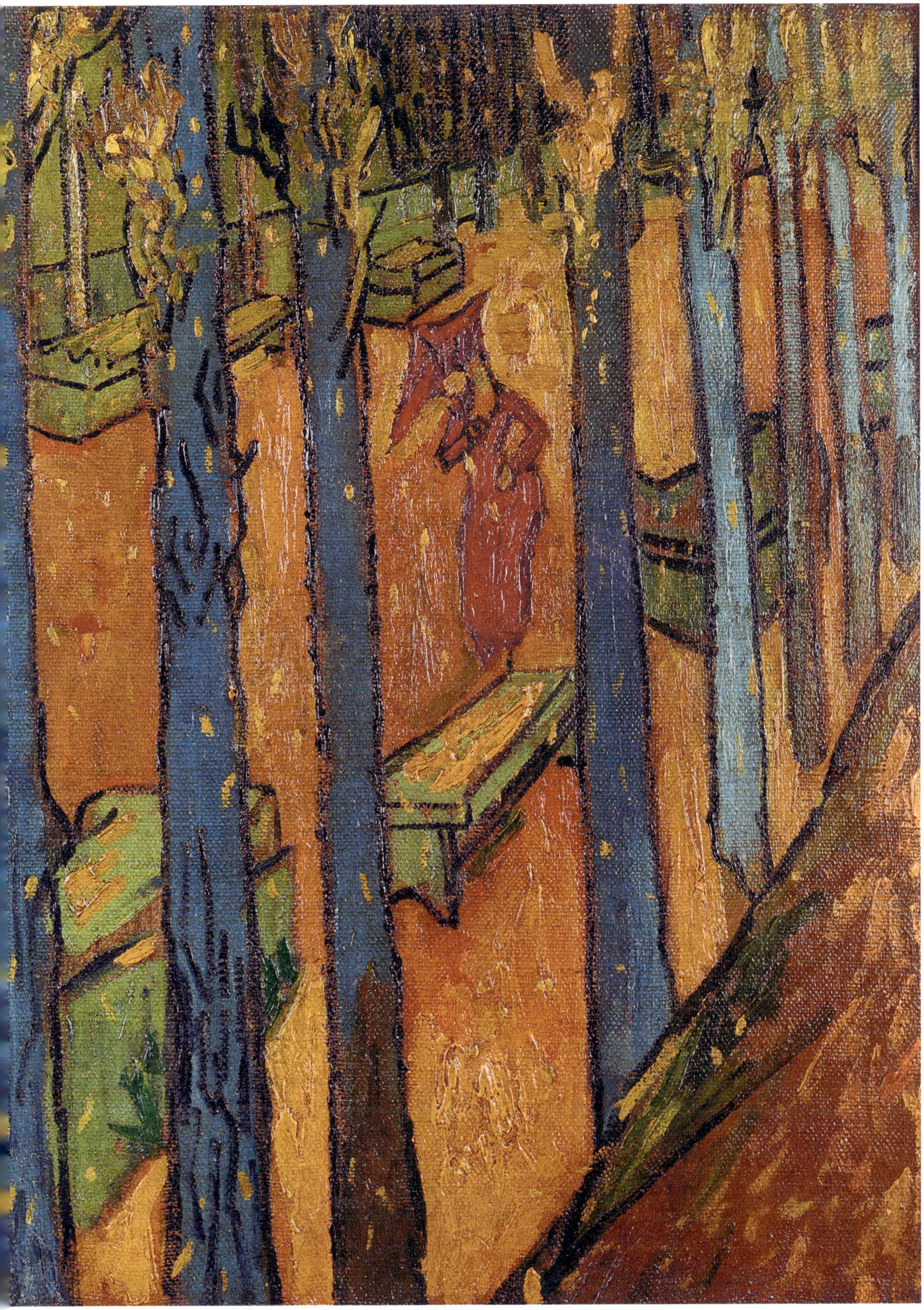

Sie sagen, das Orange kommt plötzlich nach vorn!? Dann fragen Sie sich wieder, wo die Bäume sind. Und das ist nun etwas, was ich Ihnen nur als Anregung mitgeben kann. Dieses Spiel wird nämlich dann erst Wirklichkeit, wenn Sie es wiederholen, wenn Sie es lange spielen, ausprobieren und wenn Sie es mit Ihrer ganzen Intensität auch sehen wollen: dann können Sie selber erleben, dass bei diesem Bild die Farbwirkung und das Formenwissen in ein wechselseitiges Verhältnis treten, das so labil ist, dass das eine ständig ins andere umschlägt. Einerseits kann sich bei diesem Spiel das Orange so intensivieren und nach vorne treten, dass plötzlich die Baumstämme zu Spalten in einer orangenen Fläche werden. Wenn Sie andererseits den Blick mit dem Wissen, dass es sich um die Stämme von Bäumen handelt, auf das Bild richten, dann treten die Bäume ganz schnell wieder nach vorne und die orangene Fläche nach hinten.

Es kommt hier nun darauf an zu bemerken, welche Irritation der Grundsicherheiten bildlichen Gegenstandserfassens eintritt. Indem die Farbe ihren expressiven Wert geltend macht im Schein einer Dingrepräsentanz, die so brüchig ist, dass sie eine Chance hat, da durchzubrechen als eine eigene Erfahrungskategorie, kommt nun beides in ein noch nicht entschiedenes Verhältnis wechselseitiger Dominanz. Denn wenn Sie die Bäume als Spalten sehen, sind das keine Bäume, sondern Farben. Wenn Sie dagegen auf die Gegenstände achten, sind es Bäume und keine Spalten mehr.

In diesem Wechsel zwischen gegenständlicher und reiner Farbgestaltung haben Sie zugleich beide Seiten von van Goghs Malerei präsent: das Von-innen-nach-außen-Wirken – dass da ein Farbappell, etwas ganz Stimmungshaftes nach außen dringt – und dass etwas Objektives kühn gesehen und so verdinglicht wird, wie von außen beobachtet.

Vincent van Gogh
**Fallende Blätter (Les Alyscamps)**, 1888, Detail

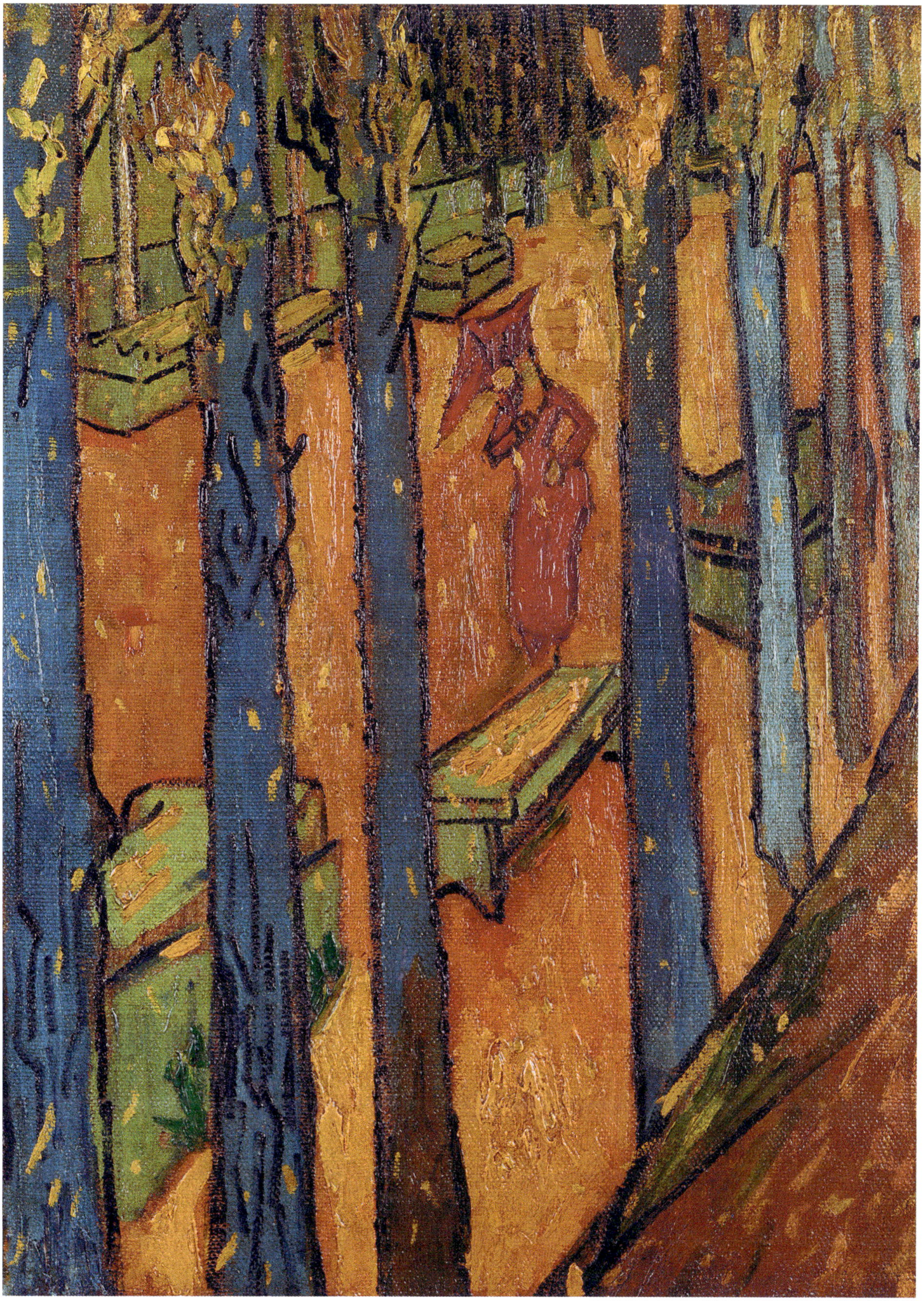

Diese *Sonnenblumen* von van Gogh kennen Sie alle. Jeder kennt sie. Sie sind zu Postkartenmotiven heruntergeschrumpft und wurden unendlich oft verschickt, weil sie ja wirklich schön sind. Doch die Vervielfältigung und das liebevolle Zuschicken hat natürlich zur Folge, dass man sie kaum mehr ansieht.

Aber hier nun eine kleine Bemerkung: Sie sehen einen goldgelben Boden, auf dem die Vase steht, dessen Farbe dem der Blüten gleicht, und Sie sehen ein Hellgelb darüber. Wenn Sie den Blumenstrauß für sich mal kurz wegdenken, dann sind das Farbflächen, die durch eine braune Pinselspur voneinander getrennt einfach nur übereinanderstehen. Sie haben keine räumliche Dynamik. Jetzt wissen wir aber natürlich, was eine Vase ist, und die macht sich nun in unserer Vorstellung geltend. Das Hellgelb deuten wir als Hintergrund und dann wissen wir auch: Sonnenblumen sind gelb und dort, wo sie nicht gelb sind, sind sie grün. Deshalb können wir, was auf dem Bild zu sehen ist, unseren gegenständlichen Vorstellungen zuordnen. Nun ist es aber so, dass im Bild nicht die Dinge da sind, sondern Farben und Formen. Wenn wir uns jetzt die Mühe geben, das Bild auch bewusst so anzuschauen, dann können Sie etwas sehr Interessantes beobachten. Wenn Sie mit dem Auge durch das Bild gehen, nehmen Sie sehr verschiedene Qualitäten von Gelb wahr. Welcher Farbton ist dichter? Welcher ist flüchtiger? Welcher ist schwerer? Welcher ist leichter?

Wir können bemerken, wie zum Beispiel an den Gebilden, die die Reife haben, die diese rundlichen Formen haben, dass sich denen dieses dichte, schwere Gelb einformt. Was man als Mächtigkeit, als Licht, als substanzielle Gegenstandhaftigkeit von außerordentlich gegenständlicher, sinnlicher Präsenz wahrnimmt, verdankt sich in diesem Bild nicht nur dem Formwissen, sondern der Tatsache, dass sich die Farbqualität als solche hier geltend macht und sich mit einwirkt in das Erfahren des Dinges. Es wirkt, als ob die Innenwirkung der Farbe sich der Außengestalt sozusagen so einwebt, dass der Charakter der Sache mit der eigenen Form mit zum Vorschein kommt.

Das sind nun Spielarten der Wechselwirkung zwischen expressiver Farbwirkung und intensiver Dingwirkung, zwischen Innenbildlichkeit und Außenbildlichkeit.

16 | Vincent van Gogh
**Sonnenblumen**, 1889

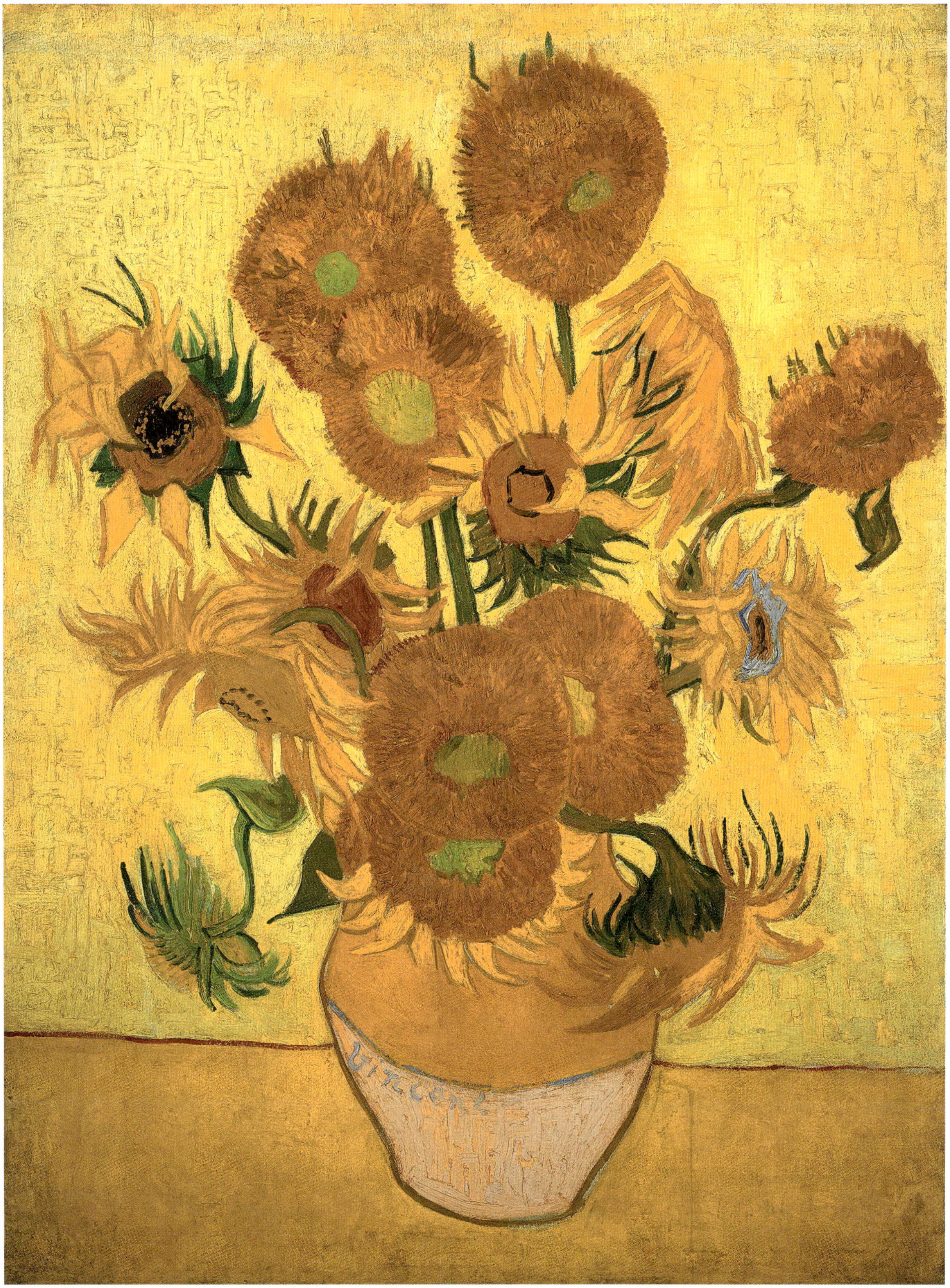
Vincent

An dem folgenden Bild wird nun in besonderer Weise sichtbar, was die Künstlergeneration, der van Gogh angehörte, sich zur Aufgabe macht: Alle Konventionen des Sehens zu überwinden in Bezug auf das präfigurierte Bild. Was an Bilderwartung in der Tradition aufgebaut wurde, wird über Bord geworfen.

Hier können Sie ganz deutlich sehen, wie das bei van Gogh aussieht: Wenn Sie zum Beispiel mit dem Blick auf die Kirche oben rechts gehen, die so ein lustiges Gesicht hat, oder zu diesem roten Streifen links daneben, der sehr kompakt und fest ist, dann können Sie sich mit dem Blick wie daran festhalten. Aber wehe, Sie geraten in die untere Bildhälfte. Denn was würde passieren?

Der Blick gleitet plötzlich ohne irgendeinen Halt nach unten und über die Bildgrenze hinaus. Und das, was sonst ein Bild zusammenhält, nämlich die Entsprechung der Teile zum Ganzen, die Ordnung, alles das hört hier auf. In der oberen Bildhälfte bündelt sich sozusagen festgefügte Form und hier unten reißt sie auf und führt den Blick aus dem Bild heraus. Das bringt ihn in eine solche Bewegung, dass der Bildrahmen dem keine Grenze mehr bieten kann. Mit einer solchen Erfahrung kommen wir auf das zentrale Rätsel der anschaulichen Erfahrung, die nun beim nächsten Bild, der *Landweg in der Provence bei Nacht*, noch deutlicher zu Bewusstsein kommen kann.

17 | Vincent van Gogh
**Der Kanal „La Roubine de Roi" mit Waschfrauen**, 1889

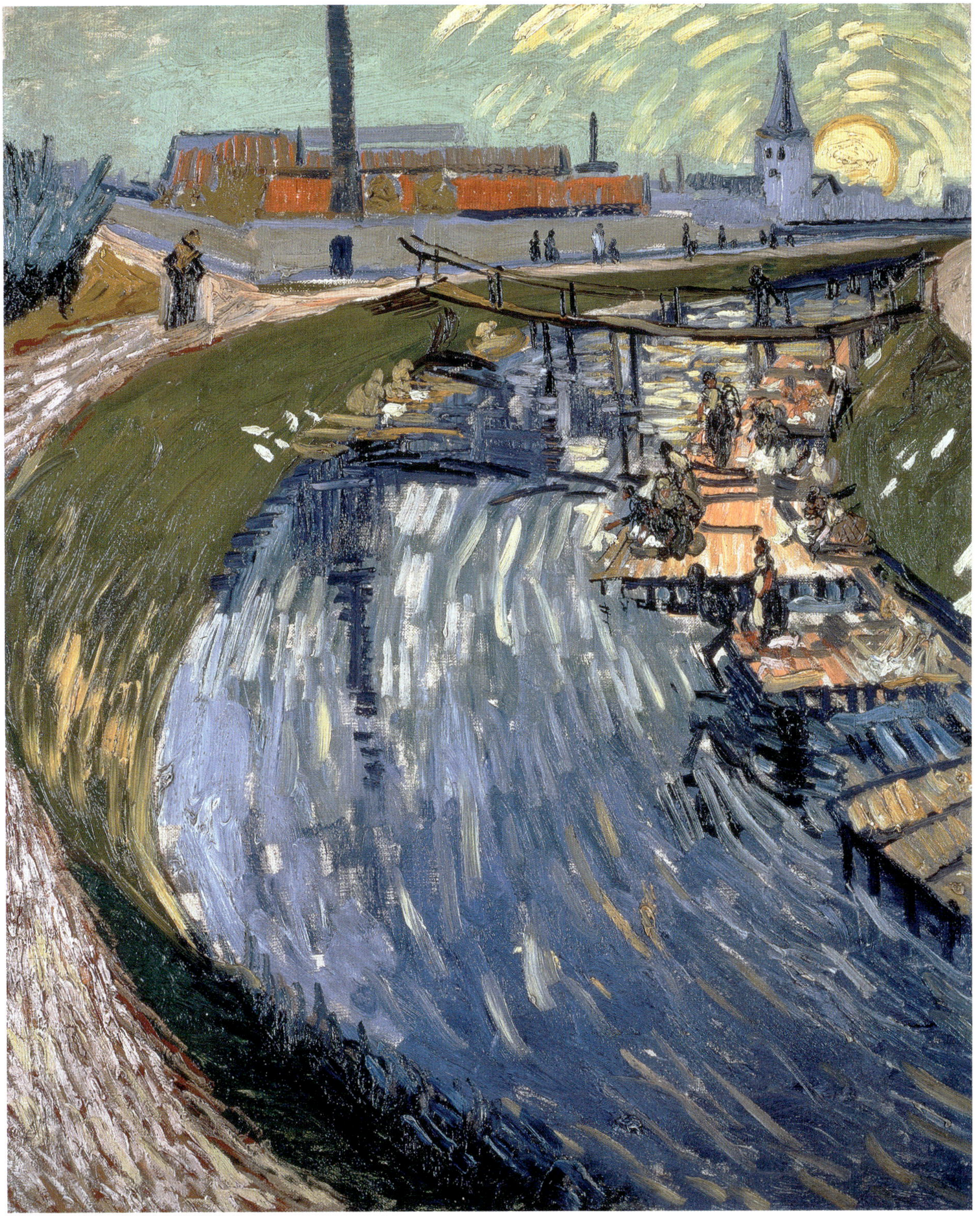

*„Die Zypressen beschäftigen mich immer noch, ich würde gerne etwas mit ihnen machen, (...) weil es mich erstaunt, dass noch niemand sie so gemacht hat, wie ich sie sehe."* [15]

Vincent van Gogh

Was ist zu sehen? Eine große Zypresse in der Mitte des Bildes. Sie steht am Wegrand einer Landstraße, auf ihr zwei Männer, die auf uns zugehen, sehr viel kleiner dahinter ein Pferdefuhrwerk, in dem zwei Leute sitzen, noch weiter entfernt ein kleines Haus, auch von Zypressen umstellt. Der Straßenrand und eine kleine Insel auf der Straße sind grün bewachsen, daneben eine Böschung mit niedrigem Gestrüpp, ferne Hügelketten am Horizont und darüber weißliche Wolken, im Nachtblau des Himmels ein kleiner Stern, ein großer Stern und der Mond.

Nun wären wir eigentlich schon in der Lage, das nächste Bild anzuschauen, schließlich wissen wir ja jetzt, was auf dem Bild zu sehen ist. Doch das Was zu identifizieren, ist überhaupt erst ein Anfang. Ich bitte Sie nun, gerade dieses Wissen wieder zu vergessen. Es ist für das, was wir jetzt vorhaben, vollkommen irrelevant, wenn nicht sogar hinderlich.

18 | Vincent van Gogh
**Landweg in der Provence bei Nacht**, 1890

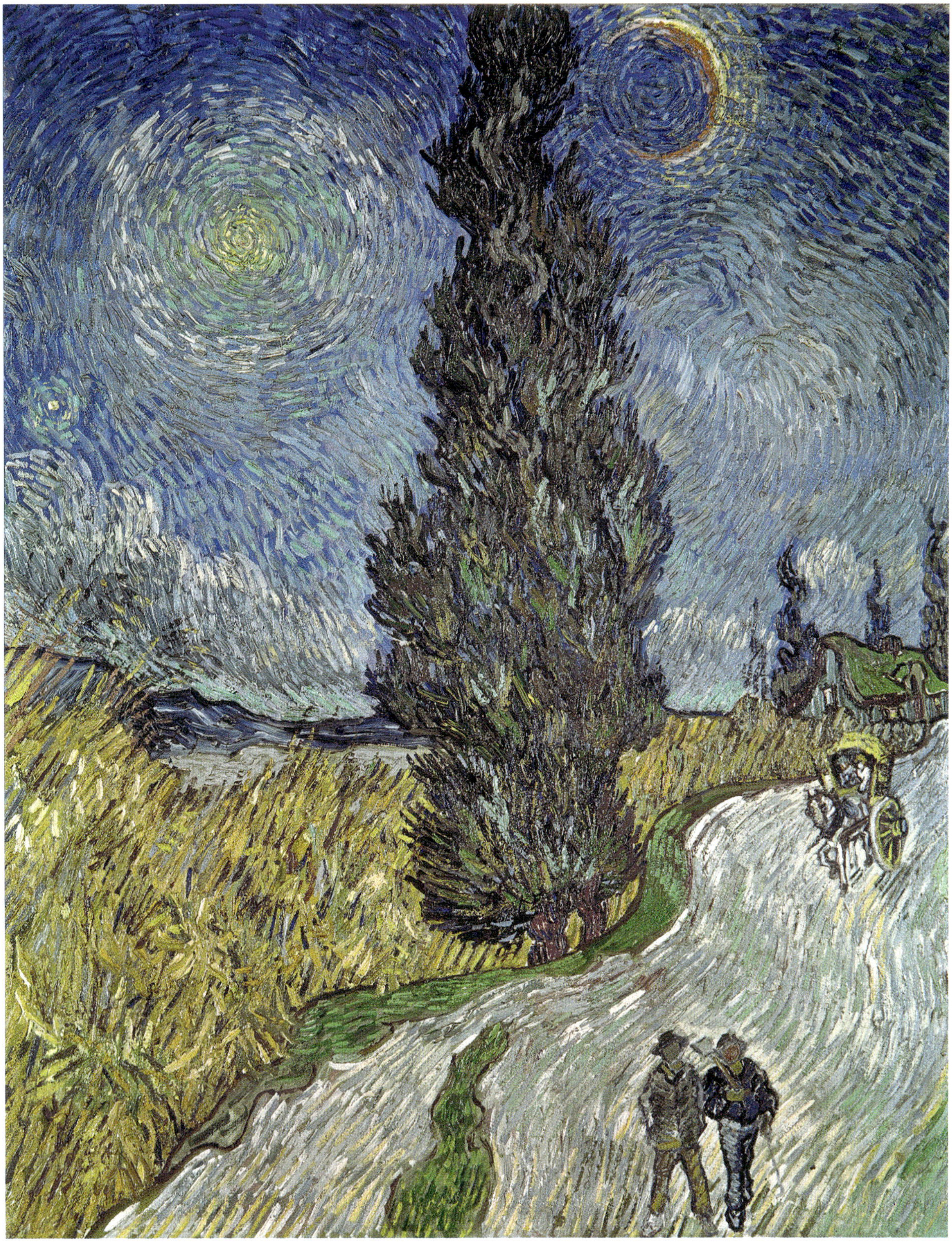

# „*Wie kann das Auge sich mit Sinn erfüllen? Was macht eine Zypresse, wenn sie wächst?*“

Michael Bockemühl

Versuchen Sie einmal, den Blick am unteren Ende der Teilfläche, die von der Zypresse abgedeckt wird, mittig anzusetzen und dann nicht zu schnell, aber auch nicht zu langsam nach oben zu gehen. Machen Sie das dreimal, wer Lust hat auch viermal oder noch öfter, aber bemerken Sie, was Sie tun. Also nicht einfach mit einem kurzen Streifblick, sondern versuchen Sie Ihren Blick langsam durchzuleiten bis an die obere Bildkante und dann wieder unten an dem Zwillingsstamm der Zypresse neu zu beginnen.

Wenn Sie das geschafft haben, dann beginnen Sie beim oberen Bildrand und führen den Blick ebenso langsam von oben nach unten.

Ich möchte es vorwegnehmen: Wenn Sie jetzt beim Sehen von unten nach oben und von oben nach unten einen Unterschied bemerkt haben, dann haben Sie eine *anschauliche Erfahrung* gemacht. Wir wollen uns darüber verständigen: Wie fühlt sich das an, wenn man von unten nach oben blickt? Wie geht das? Kommt man ohne Schwierigkeiten nach oben? Hört das am Bildrand oben auf?

„Es geht auch weiter. Es geht immer schneller in Richtung Wipfel hoch.“ Es hat also eine gewisse Anregung zur Beschleunigung. Und wenn es schneller geht, was passiert dabei noch? Wir können uns auch durch Gesten darüber verständigen: Ich habe da gerade an einer Kopfbewegung gesehen, dass auch etwas hin und her geht.

Was passiert nun, wenn man die Blickrichtung umdreht und von oben nach unten geht? Wie fühlt sich das an? „Widerborstig“, sagen Sie, „gegen den Strich gebürstet.“ „Man wird immer wieder gebremst. Es ruckt sozusagen.“

Wenn Sie jetzt mal die Abwärtsbewegung einfach mit einer gewissen Sturheit durchziehen, ohne Rücksicht zu nehmen auf die Bildstruktur im Einzelnen, kommen Sie dann genauso schnell durch?

Sie bemerken, dass es der Fläche völlig egal ist, wie Sie blicken. Aber dem Auge ist es ganz und gar nicht gleichgültig. Das meine ich, wenn ich von anschaulicher Erfahrung spreche. Die kann man nur haben, wenn man selber sieht. Darüber kann man sonst nicht reden. Wir können uns nur über real erfahrene Qualitätscharakteristika verständigen. Wir haben es hier mit einer Fläche zu tun, die so strukturiert ist, dass das Auge einsinnig in einen bestimmten Bewegungsduktus überführt wird, der seine ganz eigene, seine identische Qualität hat. Wenn Sie dieser entgegenhandeln, offenbart sich etwas anderes: Das, was sonst den Blick leitet und begünstigt, beschleunigt und immer glatter und flüssiger in Bewegung bringt, das wirkt dann plötzlich anders herum, als ob der Blick, wie Sie gesagt haben, gegen den Strich gebürstet würde, weil nun diese malerische Struktur eine direkte Auswirkung auf das Anschauungsverhalten hat.

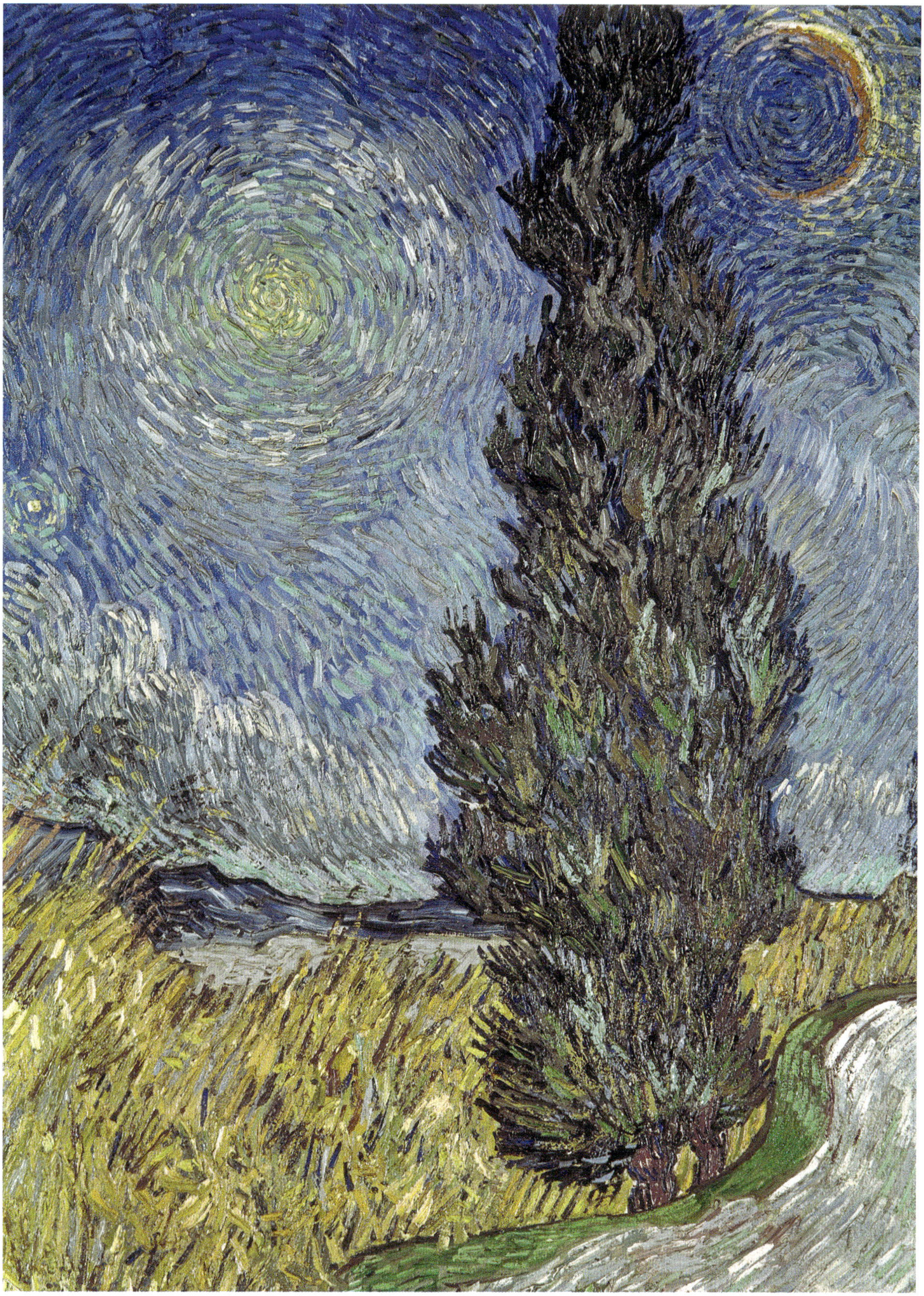

*„Ich fürchte, Vater und Mutter werden meine Kunst vielleicht nie wirklich schätzen. Das ist nicht überraschend, und es ist nicht ihre Schuld; sie haben nicht gelernt, die Dinge so zu betrachten, wie Du und ich gelernt haben, sie anzuschauen.“* [16]

Vincent van Gogh

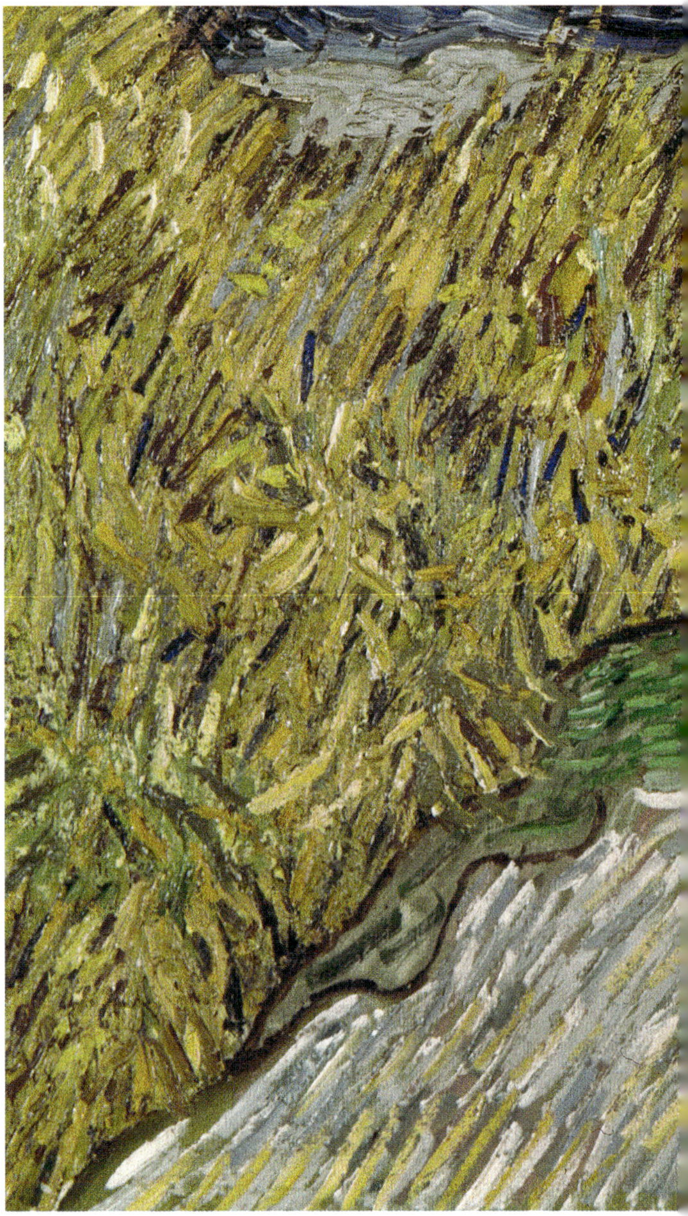

Jetzt wechseln wir von der mittleren Bildzone zu dem Flächensegment am unteren Bildrand. Ob wir das jetzt als Weg bezeichnen oder nicht, ist gleichgültig. Sie bemerken, dass das nicht so eindeutig ist. Und gerade darauf kommt es mir jetzt besonders an. Ich halte es hier für ganz entscheidend zu bemerken, dass man es sehr wohl so sehen kann, als ob der Blick hier von oben nach unten durchgeleitet wird. Sie sagen sogar: „Es fließt wie Wasser da herunter.“

Aber halten Sie nun Ihren Blick mal still. Bemerken Sie, dass sich die Bewegungsrichtung plötzlich umkehren und der Eindruck entstehen kann, man blicke von unten nach oben?

Für solche Übungen braucht man Muße und was ich jetzt mache, ist wegen der Kürze der Zeit etwas gewaltsam. Wenn ich jetzt weiter gehe, mache ich nur noch auf Chancen aufmerksam, wie es gesehen werden kann.

Blicken Sie wieder mit beruhigtem Blick auf dieselbe Stelle und legen Sie sich fest: Nur so und nicht anders darf die Fließbewegung sein. Spätestens nach drei, vier Minuten werden Sie es anders herum fließen sehen.

Die Bewegung ist hier nicht einsinnig wie bei der Zypresse, sondern kann sich immer wieder umkehren. Wir können sogar den Eindruck bekommen, als wirkten beide Richtungen gleichzeitig, einander durchdringend. Wenn Sie Ihre Hände ge-

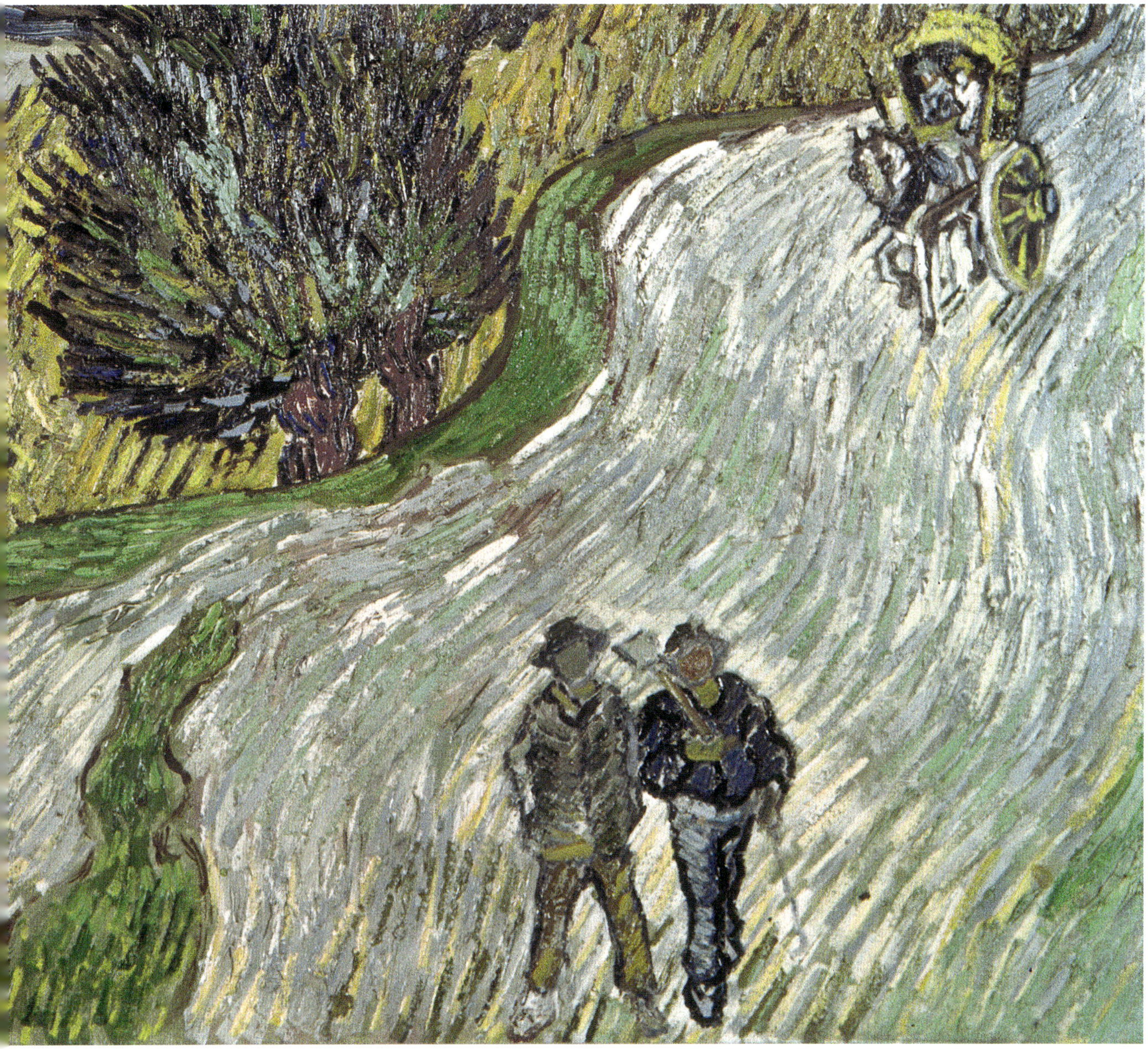

genläufig aufeinander zu führen, können Sie diesen Vorgang auch an ihnen problemlos beobachten.

In dieser Art können wir die verschiedensten Elemente dieses Bildes betrachten. Ihnen wird auffallen, dass bei manchen Flächen gar nicht sicher ist, ob diese nun den Blick in die eine oder in die andere Richtung leiten. Zwar geht wohl der Blick nie von links nach rechts, sondern wird immer in andere Richtungen geleitet. Doch selbst wenn Sie sich für eine Richtung entschieden haben, kann es Ihnen nach ein paar Minuten so vorkommen, als fließe es doch anders herum. Dieser Effekt des Durcheinandergehens in beide Richtungen widerspricht jeder Logik.

*„Ich denke oft, dass die Nacht lebendiger und reicher an Farben ist als der Tag.“*[17]

Vincent van Gogh

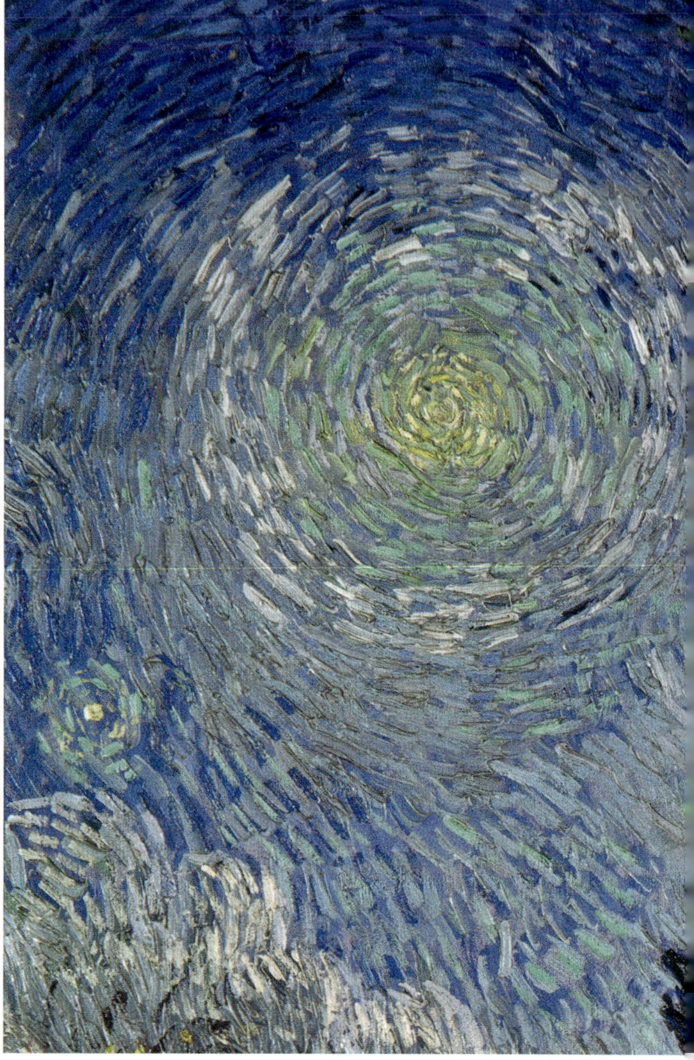

Kommen wir zu einer weiteren Übung: Wenn Sie Ihren Blick links neben der großen Zypresse etwas unterhalb der Mitte ansetzen und hochwandern lassen, was passiert dann mit Ihrem Blick? Bemerken Sie, wie er zunächst mit der Struktur des Himmels nach oben geht und sich dann in der Struktur des Sterns verfängt? Wenn Sie dort in den Kreis hineinkommen, so kommen Sie da nicht mehr so schnell heraus. Sie müssen aufhören und woanders hingucken. Oder wenn Sie mit dem Blick zur Mondsichel springen, dreht sich das andersherum – es geht aber auch in beiden Richtungen.

Was aber ist das Interessante dieser Kreisbewegung? Da gibt es eine Stelle, die bewegt sich nicht. Das ist das Zentrum, das ist der Mittelpunkt. Den kann man nicht sehen. Stellen Sie sich mal vor, Sie wollten einen Stern malen. Der Stern ist ein Punkt, einen Punkt kann man nicht malen und schon ist man in einem Dilemma, wenn man den wirklich darstellen will. Wie will man denn seine Fixiertheit zeigen?

Doch was hat denn diese Augenbewegung, die ja jetzt verstanden werden kann als eine schiere Augengymnastik, die durch die Bildstruktur angeregt wird, was hat diese Augenbewegung mit der Inhaltlichkeit, mit dem Begriff der Sache zu tun? Anders gefragt: Wie kann das Auge sich mit Sinn erfüllen?

Was also macht eine Zypresse, wenn sie wächst? Sie macht eine Gesamtgebärde, an der ich sie schon von Weitem erkennen kann. Was macht einen Weg zum Weg? Im Unterschied zu einem Platz ist ein Weg in zwei Richtungen zu beschreiten, ein Platz ist in allen Richtungen zu beschreiten. Und ein Klettenfeld oder ein Dornenwegrain, der ist zum Beispiel dadurch charakterisiert, dass einem sofort die Hosen festhängen. Also dass er nicht durchschreitbar ist.

Ich habe das jetzt sehr plump vereinfacht, um Richtungen des Überlegens anzudeuten. Man hat

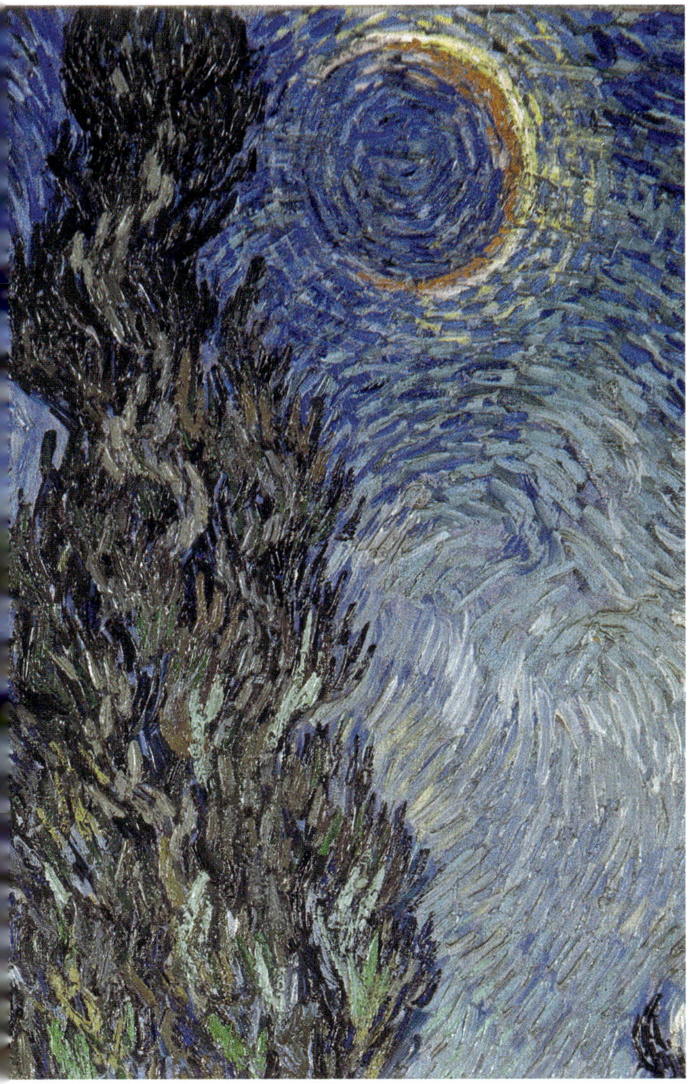

eine anschauliche Erfahrung, nämlich dass man geleitet wird in einer sich beschleunigenden Bewegung, immer von unten nach oben, die zu einer Art Geste wird – nicht irgendeine Bewegung, sondern eine Gebärde. Diese Gebärde kann sich mit Sinn erfüllen, wenn ich bemerke, dass in meiner Augengebärde zum Vorschein kommt, was das Naturding selbst als Makrostruktur, als Gestaltgebärde in der Natur offenbart. Und wenn ich an meinem Hin- und Hergehen im Blick etwas erfahre, dann erfahre ich das, was den Weg zum Weg macht, nämlich die Möglichkeit hin- und herzugehen. Und wenn ich mich mit dem Blick verhake in dem Wegrand, habe ich als originäre Blickerfahrung am Bild, was der Wegrand in der Natur als tatsächliche Qualität hat. Aber ich habe es hier nicht in der Darstellung von etwas, sondern als Real-Erfahrung des Auges an dieser Bildstruktur selbst. Die Gebärde, die ich mache, ist der Sinn dessen, was ich als Naturbegriff aus der Erfahrung der Natur mitnehmen kann. Ich mache bereits, was ich sonst nur mit meinem Auge erkenne; wenn ich den Stern als Stillstand fasse, dann aus der Gebärde, die um ihn herum ist. Und dann kann ich bemerken: Das Bild besteht ja nicht aus den einzelnen Dingen, sondern daraus, wie die verschiedenen Gebärdenqualitäten beim Sehen des Bildes aufeinander wirken.

So wie wir die Vielzahl der Dinge überhaupt nur im Raum und um uns herum erfassen können, wenn wir von einer Qualität zur anderen gehen und die andere nicht vergessen, sich also eine Vielheit aufbaut, die im Einzelnen nicht mehr überschaut werden kann, aber als gesamthaftes Wirklichkeitsgewebe uns ins Bewusstsein tritt – so wie hier im Saal, wenn wir uns des Raumes und der vielen Menschen vergewissern –, so entsteht hier aus den einzelnen und vereinzelt gesehenen und zu sehenden Gebärden, die der Betrachter selber vollzieht, ein Gesamtzusammenhang, der eine Art Eigenleben führt und sich gestaltet wie die Natur selbst, doch jetzt auf dem Schauplatz der Seele: Das von van Gogh gemalte Bild regt durch seine besondere Struktur, auf die wir uns im Anschauen einlassen, zu einer inneren Bewegung an, die sich mit Sinn erfüllt: Das Außenbild wird zu unserem eigenen Innenbild.

Und das können Sie gerade so weiterverfolgen. Was macht der Wind hier in dieser Landschaft? Der Blick geht hindurch und erfährt eine Bewegungsgebärde an dem Kornfeld, den Büschen, den Zypressen und Wolken.

Können Sie nachvollziehen, wie die Gebärde, die Ihr Blick dabei annimmt, das Naturgeschehen innerlich erfahren lässt? Wie sich Dinggebärde und Blickgebärde einander annähern?

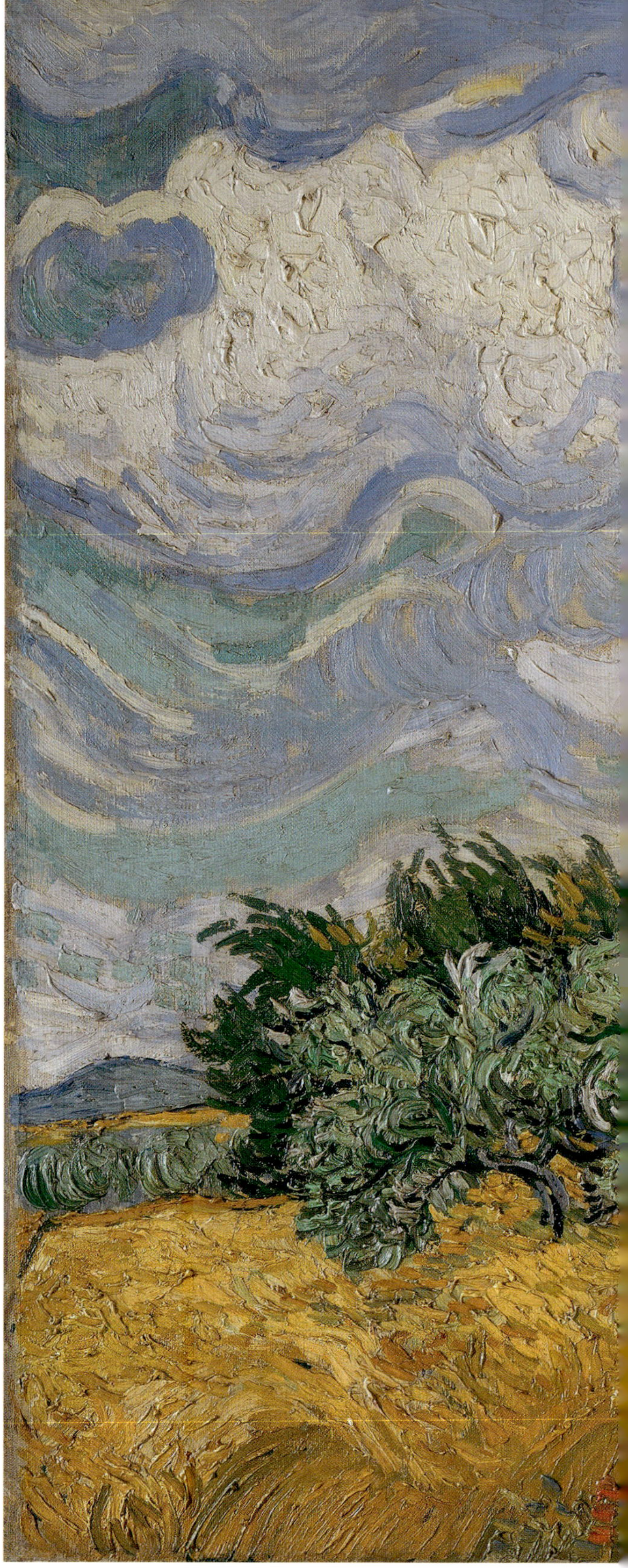

19 | Vincent van Gogh
**Weizenfeld mit Zypressen**, 1889

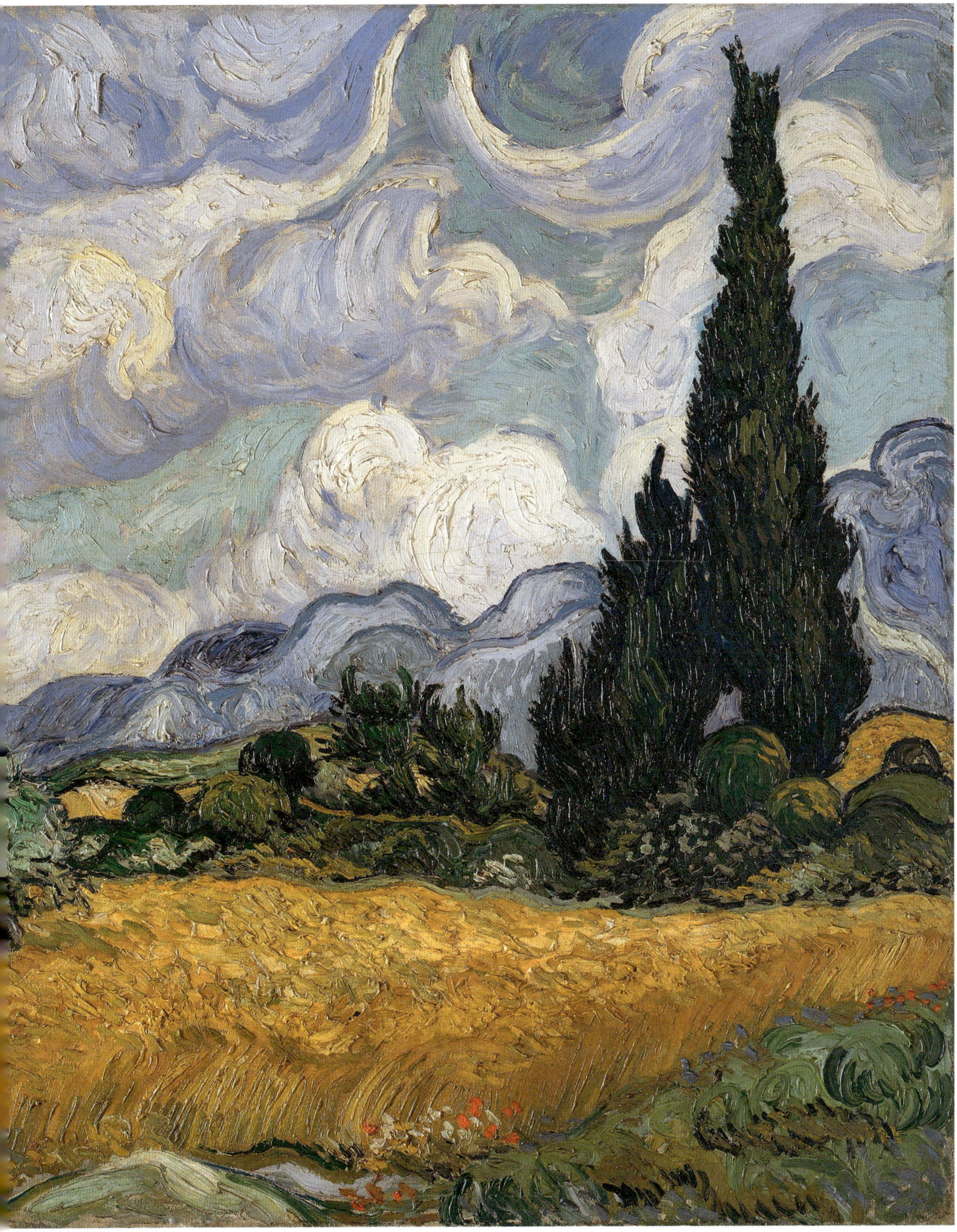

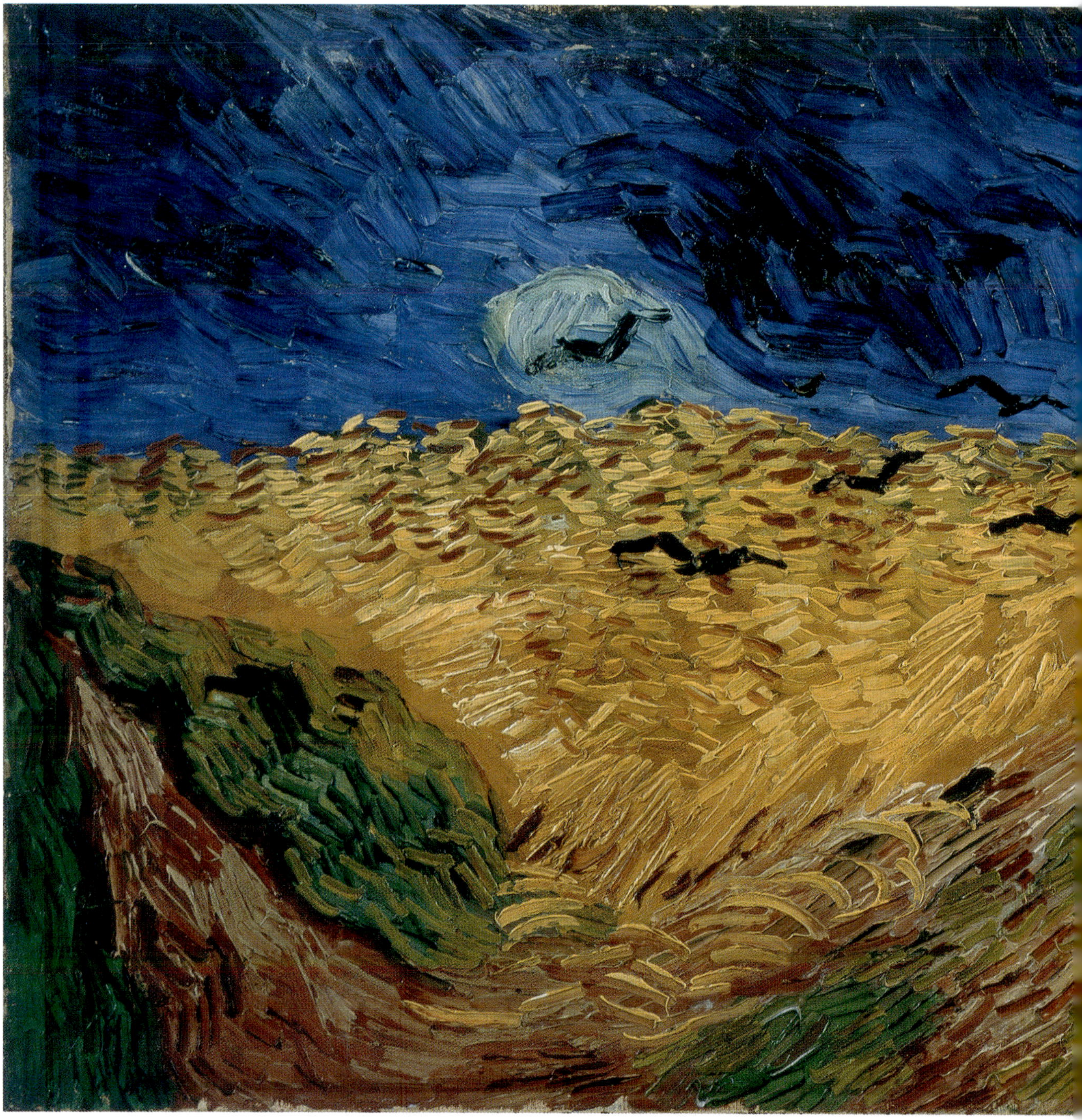

20 | Vincent van Gogh
**Weizenfeld mit Krähen**, 1890

Auch hier können wir beobachten, wie das wild bewegt wirkende Kornfeld den Blick in Bewegung bringt; wie durch den Komplementärkontrast sich die Farbigkeit im Anschauen steigert und die Betrachtenden zu einer Innenerfahrung anregt.

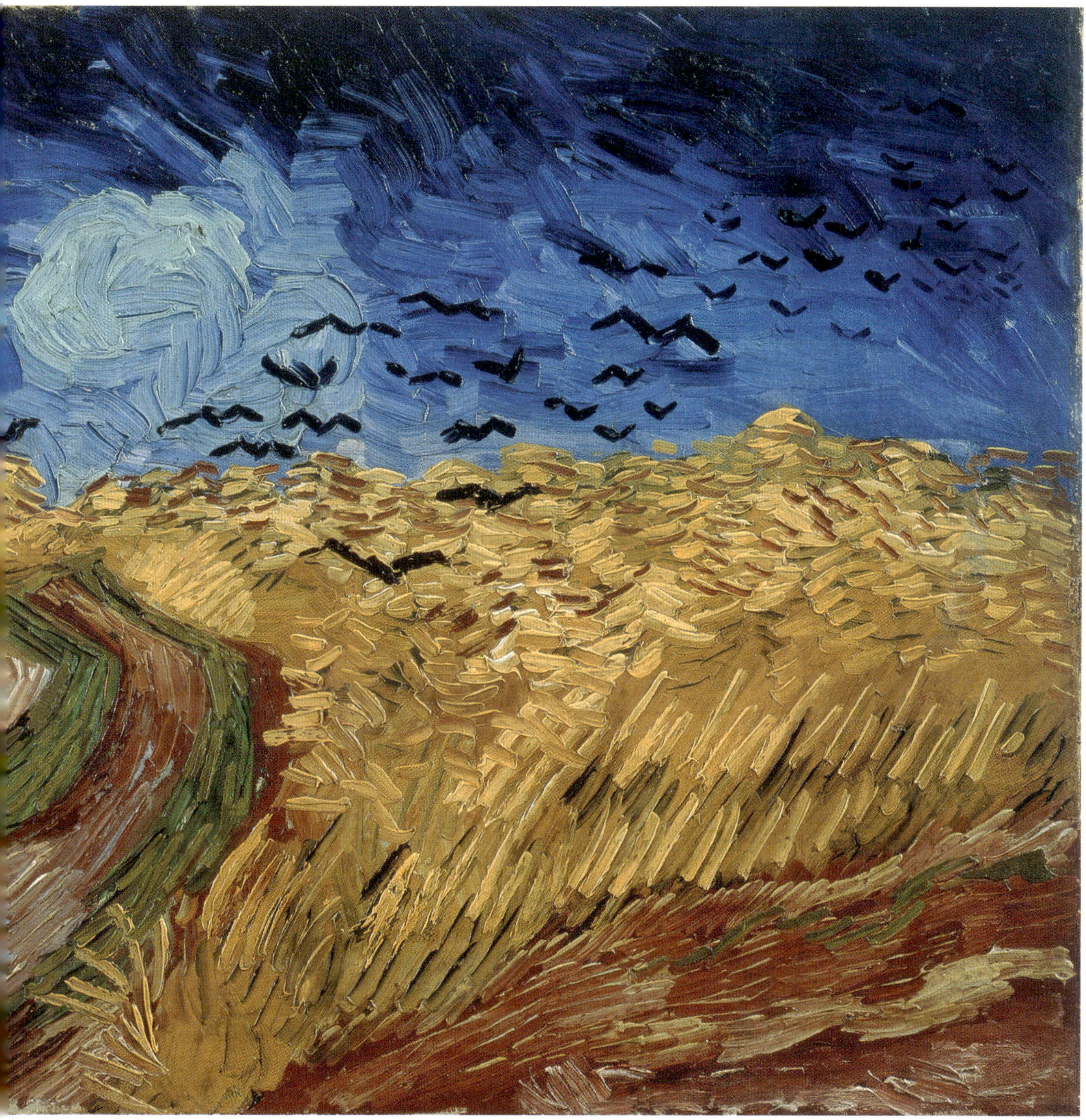

*„Es sind endlos weite Kornfelder unter trüben Himmeln, und ich habe nicht gescheut, Traurigkeit und äußerste Einsamkeit auszudrücken.“* [18]

Vincent van Gogh

*„Ich möchte gern Porträts malen, die in hundert Jahren als Offenbarung erscheinen. Ich möchte das nicht durch fotografische Treue erreichen, sondern durch leidenschaftlichen Ausdruck.“* [19]

Vincent van Gogh

Enden möchte ich diesen Vortrag mit diesem Selbstbildnis van Goghs. Ich werde versuchen, mich zurückzuhalten. Es gibt Bilder, über die sollte man gar nicht reden, weil alles Reden darüber uns von ihnen wegbringt.

Nur eine Anregung: Bemerken Sie, wie Ihr Blick durch das Bild zunächst in Bewegung gebracht und um alles herumgeleitet wird? Können Sie beobachten, an welcher Stelle Ihr Blick zum Stillstand kommt?

Nur eines steht fest in diesem Bild und das sind die Augen, das ist der Blick. So sehr auch alles andere in Bewegung ist, diese Augen ziehen den Blick immer wieder auf sich und lassen ihn dort verweilen.

Bemerken Sie den Kontrast zwischen der Konzentration des Blicks und dem so bewegt wirkenden Umfeld? Zwischen der Ruhe, der Wissen und Sicherheit gebenden Konzentration des Blicks, der sich am Malbrett wie festhaltenden Hand einerseits und der dynamisch wirkenden Strichführung andererseits?

Und wenn Sie diesen Kontrast sehen und bemerken, wie alles sozusagen in der fixierten Form des Auges sich konzentriert – jetzt nicht symbolisch, sondern in der Realerfahrung der Festigkeit, des Stillstands, des punkthaften Auges, das den Blick immer wieder auf sich zieht – und alles andere in Bewegung bleibt, dann kann abermals bemerkbar werden, was Kunst hier heißt: Außenbild als Innenbild.

Ich danke ihnen herzlich für Ihr Mitgehen.

21 | Vincent van Gogh
**Selbstbildnis**, 1889

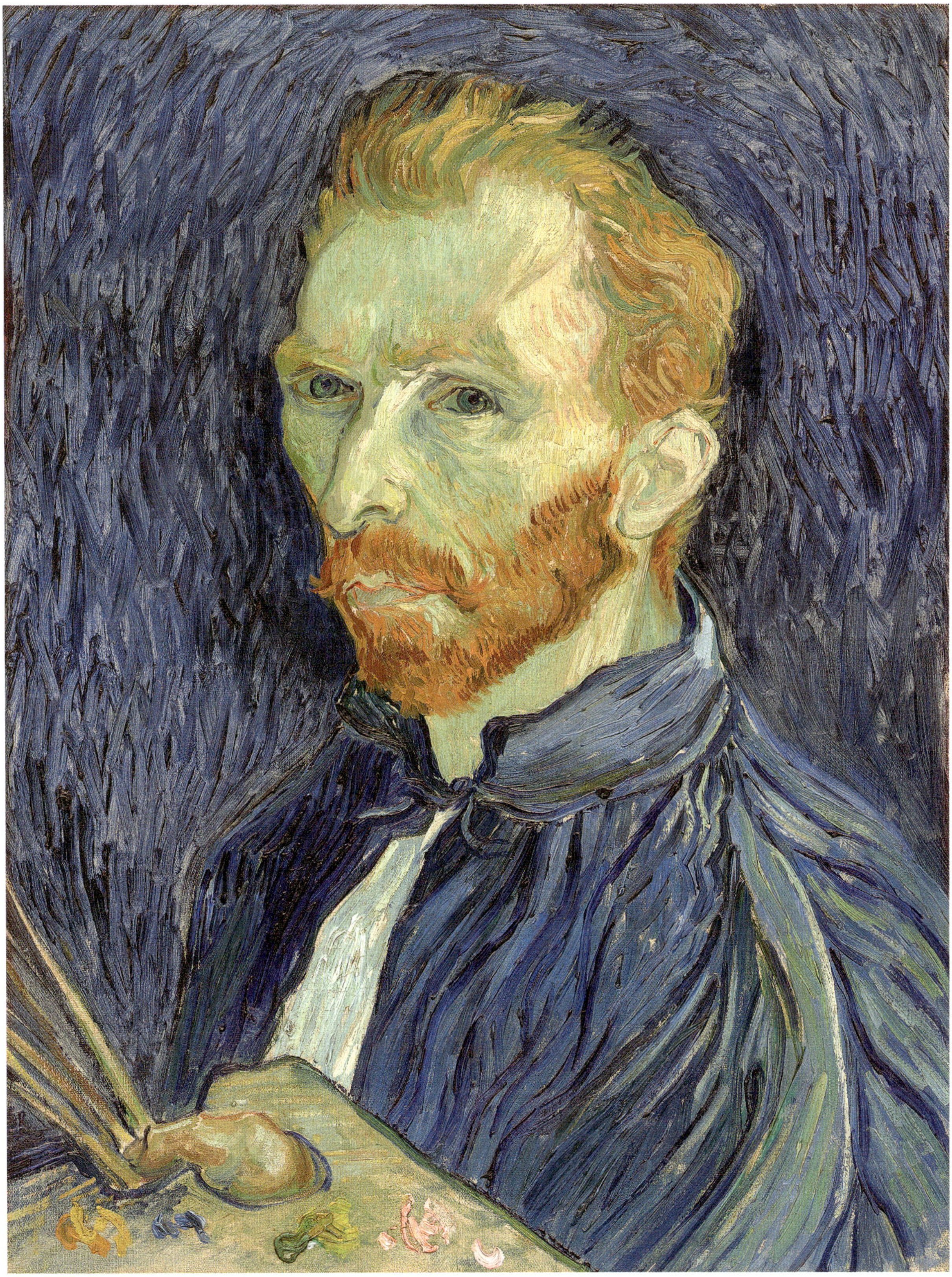

NACHWORT

# EIN FOLGENREICHER ZUGANG ZUM SEHEN

Ermutigt durch die Worte von Michael Bockemühl, stehe ich im Museum Folkwang in Essen und sehe mir Gemälde von Vincent van Gogh an. Mein Blick schweift über die Bilder und bleibt bei der Gestaltung eines Kornfelds hängen. Nie zuvor war mir aufgefallen, wie van Gogh die Neigung der einzelnen Stängel, die bürstenhafte Struppigkeit der Kornähren darstellt. Fasziniert bleibt mein Auge auf der aus vielen einzelnen Pinselstrichen zusammengesetzten Sonne ruhen. Plötzlich scheint sie zu leuchten und ein vibrierendes Licht zu verbreiten. In der fortgesetzten Betrachtung verändert sich der zunächst statische Eindruck des gemalten Kornfeldes hin zu einer Bewegung.

Ich gehe einige Schritte rückwärts. Ich sehe wieder ein unbewegtes Bild. Doch nach einem kurzen Moment der Ruhe beginnt mein Eindruck des Bildes sich erneut zu verändern. Es erzeugt im Anschauen ein Kraftfeld, dass es mir scheint, als würde das Bild sich im nächsten Moment über den Rahmen hinaus ausbreiten.

Bin ich die Einzige, der das passiert? Erlebe nur ich das? Ich begegne niemandem, der so lange vor einem Bild verweilt und sich sehend darauf einlässt. Überwältigt von der unvermuteten Intensität der Eindrücke und zugleich etwas verwirrt verlasse ich das Museum.

Die Überarbeitung dieser öffentlichen Vorlesung zu Vincent van Gogh hat mich nicht nur diesem Künstler, sondern auch meinem eigenen Sehen näher gebracht. Die in der Einleitung von Herrn Bockemühl angestellten Überlegungen zum Sehen und seine Feststellung, dass wir das Sehen heute vor allem „instrumental" anwenden, hat mir sehr eingeleuchtet, zumal ich die von ihm festgestellte Attitüde beim Sehen – dass wir normalerweise nur so lange hinsehen, bis wir etwas über den Gegenstand wissen – auch bei mir selbst beobachten konnte. Seine „Kinderfragen" haben mich umso mehr fasziniert und begleiten mich noch jetzt bis in meinen Alltag.

In der Auseinandersetzung mit Bockemühls Texten stieß ich auf eine Aussage, die mir die mit dem Sehen zusammenhängende Problematik zusammenzufassen scheint: „Wäre (...) die Bestätigung des Vor-Begriffs Ziel des Anschauens, dann hätte das Bild auf ‚den ersten Blick' hin seinen Zweck erfüllt – alles weitere Anschauen erbrächte nur weitere Bestätigung, die zum Erkannten jedoch nicht prinzipiell Neues beitragen kann. Die spirituellste Interpretation, die höchste geistes- und kulturgeschichtliche Idee, für die in dieser Weise in einem Bild Bestätigung gesucht wird, macht blind für die durch nichts anderes als durch das Bild eröffneten Anschauungsmöglichkeiten, engt letztlich sogar ein, was sich im Anschauen auch ideell entzünden kann."[20] Es geht hier also um Achtsamkeit, um Selbstbeobachtung und eine unbefangene Annäherung an die Kunst.

Während eines Praktikums auf einer Kinderstation konnte ich beobachten, dass die Auseinandersetzung mit den Vorträgen einen unmittelbaren Einfluss auf meinen Umgang mit den Kindern hatte: Ich konnte mich immer wieder neu einlassen, die Kinder neu anschauen und meine eigenen Interpretationen beiseitelassen. Auch fiel es mir zunehmend leichter, meinen eigenen Eindrücken zu vertrauen und abzuwarten, was sich mir im Anschauen des Verhaltens der Kinder zeigte. Ich führe das auf die im Seminar geübte und durch die Vorträge angeregte Einübung in ein vorurteilsfreies Sehen zurück.

Meine intensive Auseinandersetzung mit Bockemühls Vorlesungen und meine dadurch angeregte Beschäftigung mit meinem eigenen Sehen blieb also nicht folgenlos. Nicht nur gelangte ich zu einer neuen Sicht auf van Goghs Werk, sondern ich konnte auch bemerken, wie sich die Sicht auf meine Mitmenschen zu verändern begann. Das neu gewonnene Bewusstsein für die Möglichkeit, der Welt nicht nur begrifflich, sondern auch mit geschärftem Blick beizukommen, wirkte sich auch praktisch auf mein Studium aus, das zuvor eher theoretisch orientiert war. Mittlerweile arbeite ich in den Seminaren vermehrt mit meiner eigenen Wahrnehmung und frage mich immer wieder, wie die Theorien mit der Praxis zusammenhängen beziehungsweise nach der anschaulichen Grundlage der Inhalte, die uns gelehrt werden.

Natürlich gelingt es mir nicht zu jeder Zeit, die Dinge mit einem frischen und neuen Blick zu sehen. Ich beobachte an mir aber eine neue Haltung gegenüber mir selbst und meiner Umwelt, die es mir erlaubt, einen Schritt zurückzutreten, um andere Perspektiven einzunehmen. Kurz gesagt ändert sich die Art und Weise, wie ich wahrnehme. Das erfrischt und belebt und empfiehlt sich zur Nachahmung!

*Verena Schusser*

LEBENSDATEN

# VINCENT VAN GOGH

*„Was wäre das Leben, hätten wir nicht den Mut, etwas zu riskieren?"* [21]

**1853**
Am 30. März kommt Vincent Willem van Gogh als zweites von sieben Kindern des protestantischen Pfarrers Theodorus van Gogh (1822–1885) und dessen Frau Anna Cornelia Garbentus im niederländischen Zundert (Brabant) zur Welt.

**1857**
Am 1. Mai wird sein Bruder Theodorus, genannt Theo, geboren.

**1869**
Am 1. August tritt van Gogh als Lehrling in die Filiale der Kunsthandlung Goupil & Cie in Den Haag ein. Er wirkt beim Verkauf von Gemälden, Fotografien, Kupferstichen, Lithografien, Radierungen und Reproduktionen mit.

**1872**
Im August beginnt die Korrespondenz zwischen Vincent und seinem vier Jahre jüngeren Bruder Theo van Gogh.

**1873–1875**
Theo van Gogh wird Lehrling in der Brüsseler Filiale von Goupil & Cie, Vincent van Gogh wechselt in die Londoner Filiale. Er wohnt in der Pension von Mrs. Loyer und verliebt sich in ihre Tochter Eugenie. Bei seinem Abschied von London erfährt er, dass das Mädchen bereits verlobt ist. In der Hauptniederlassung in Paris bekommt er eine Festanstellung, interessiert sich aber nicht für seine Arbeit und vernachlässigt sie, um sich dem Studium der Bibel und dem Besuch von Museen zu widmen.

**1876**
Zum 1. April wird van Gogh entlassen und verdingt sich als Hilfslehrer in Ramsgate bei London, darauf als Hilfsprediger in Isleworth. Im Dezember kehrt er zu seinen Eltern zurück.

22 | Vincent van Gogh, Januar 1873

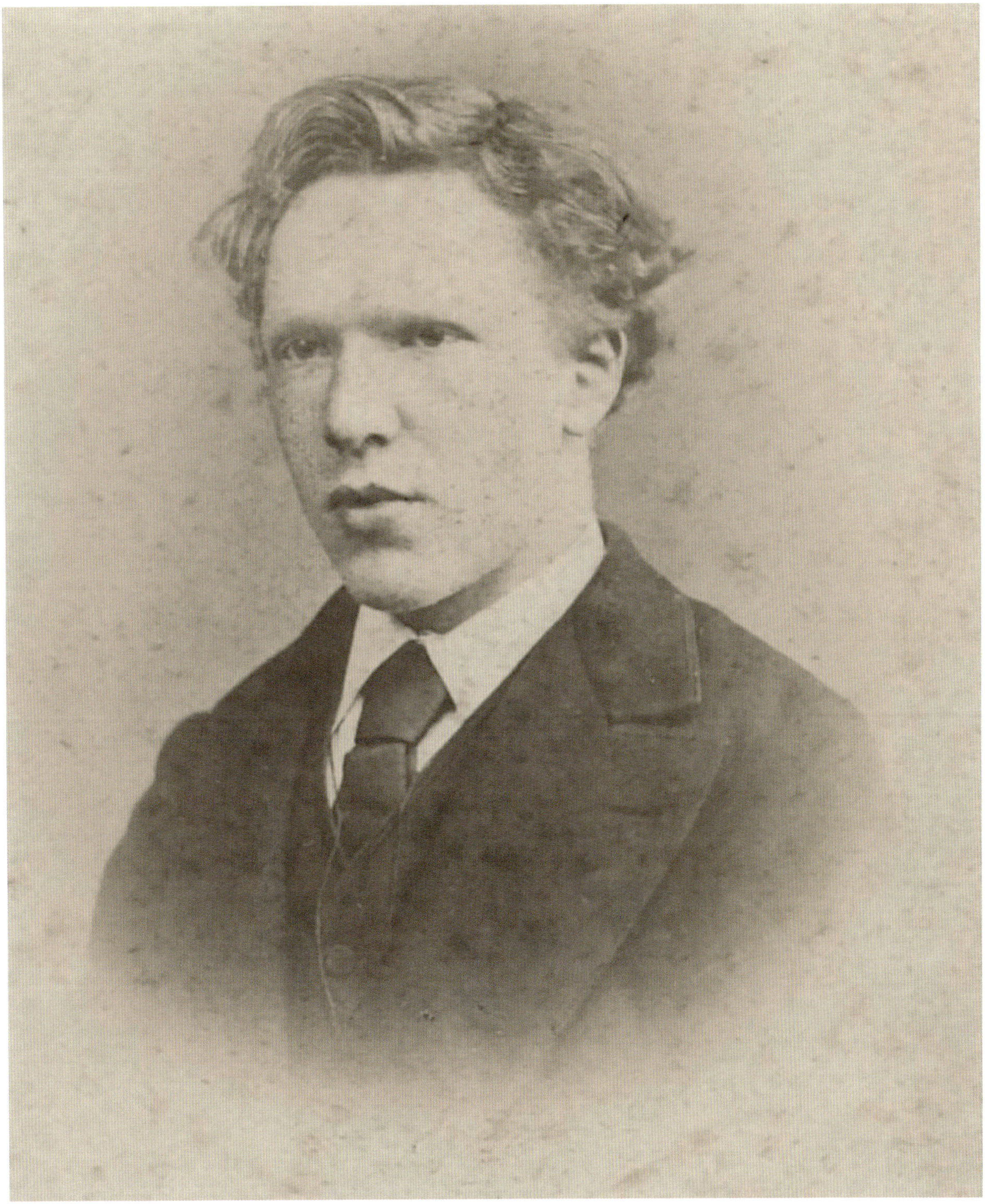

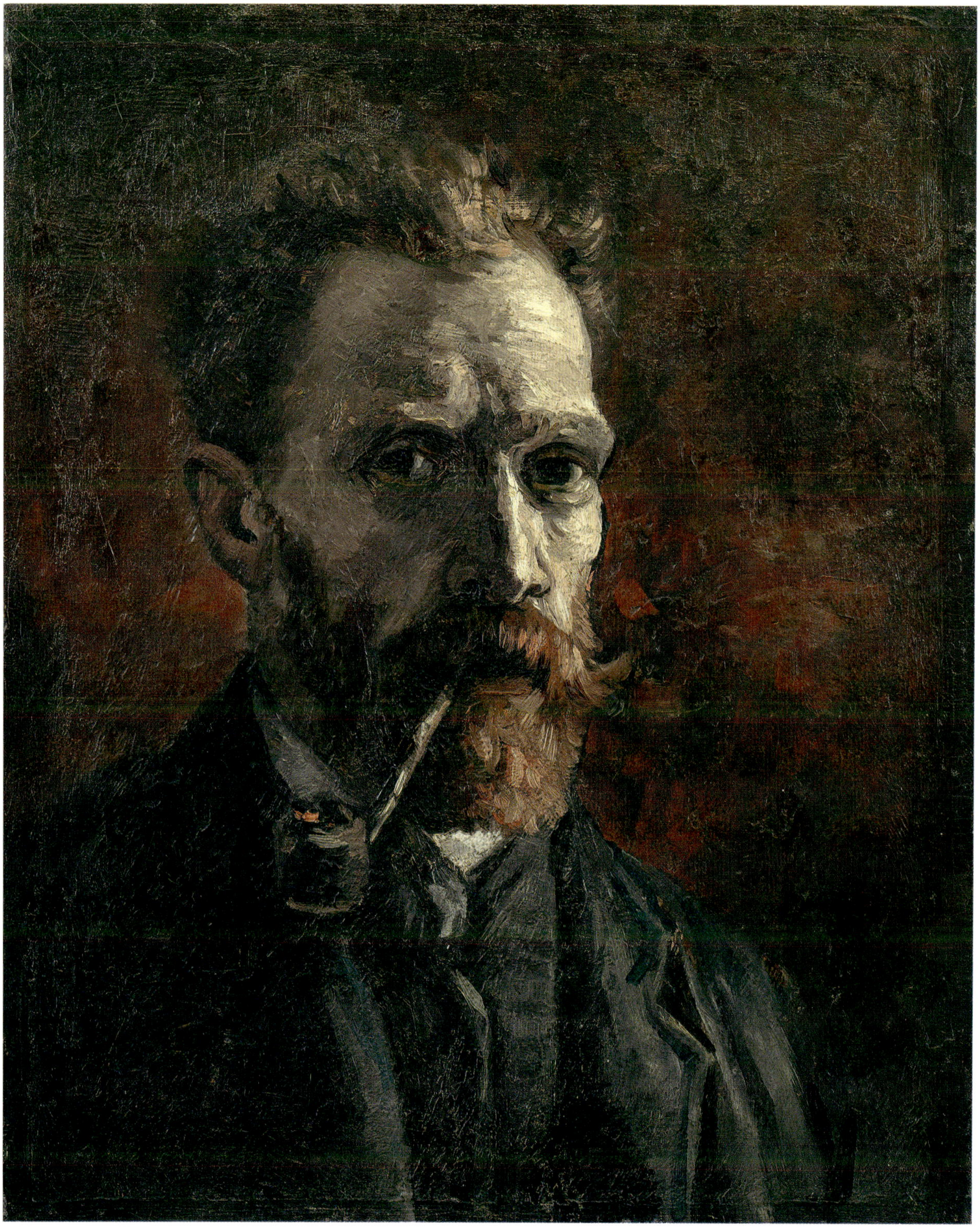

*„Je mehr ich darüber nachdenke, desto mehr fühle ich, dass es nichts gibt, was wahrhaft künstlerischer wäre, als die Menschheit zu lieben.“* [22]

**1877**
Van Gogh wird von der Buchhandlung Blussé & Van Braam in Dordrecht angestellt, wo seine Arbeit nicht befriedigt. Am 9. Mai geht er mit Zustimmung seines Vaters nach Amsterdam zur Vorbereitung der Aufnahmeprüfung der Theologischen Fakultät. Trotz aller Anstrengung fällt er durch.

**1878**
Auch wenn van Gogh nun nicht Pastor werden kann, so will er doch den christlichen Glauben verbreiten und besucht die Methodistenschule in Laeken, um Prediger (Evangelist) zu werden.

**1879**
Im Grubengebiet der Borinage wird er für sechs Monate zum Prediger ernannt. Als er sich aber um die Erleichterung des Elends der Bergleute bemüht, kommt es zu einem Zerwürfnis mit dem Kirchenrat und er wird entlassen. Im August lässt er sich in Cuesmes nieder, wo er sein Apostelamt weiter auszuüben sucht und sich gleichzeitig im Zeichnen ausbildet.

**1880**
Von Theo ermuntert, der anfängt, ihn finanziell zu unterstützen, entscheidet sich van Gogh für eine künstlerische Laufbahn, geht nach Brüssel und belegt einen Anfängerkurs an der Akademie.

**1882**
Van Gogh bezieht ein Atelier in Den Haag. Auftragsarbeiten (Zeichnungen) für seinen Onkel Cornelius Marinus entstehen. Der prominente Maler Anton Mauve (1838–1888), ein entfernter Vetter, ermutigt ihn zum Malen mit Ölfarben.

**1883**
Vincent van Gogh zieht sich im September ins nordholländische Drenthe zurück und kehrt Ende des Jahres heim zur Familie, die jetzt in Nuenen bei Eindhoven lebt.

**1885**
Vater Theodorus van Gogh stirbt im März infolge eines Schlaganfalls. Bis Ende November entstehen 200 expressive Ölgemälde, darunter das erste Meisterwerk *Die Kartoffelesser* (Abb. 3). Ende des Jahres zieht van Gogh nach Antwerpen, um an der dortigen Kunstakademie Malerei zu studieren.

23 | Vincent van Gogh, **Selbstporträt mit Pfeife,** 1886

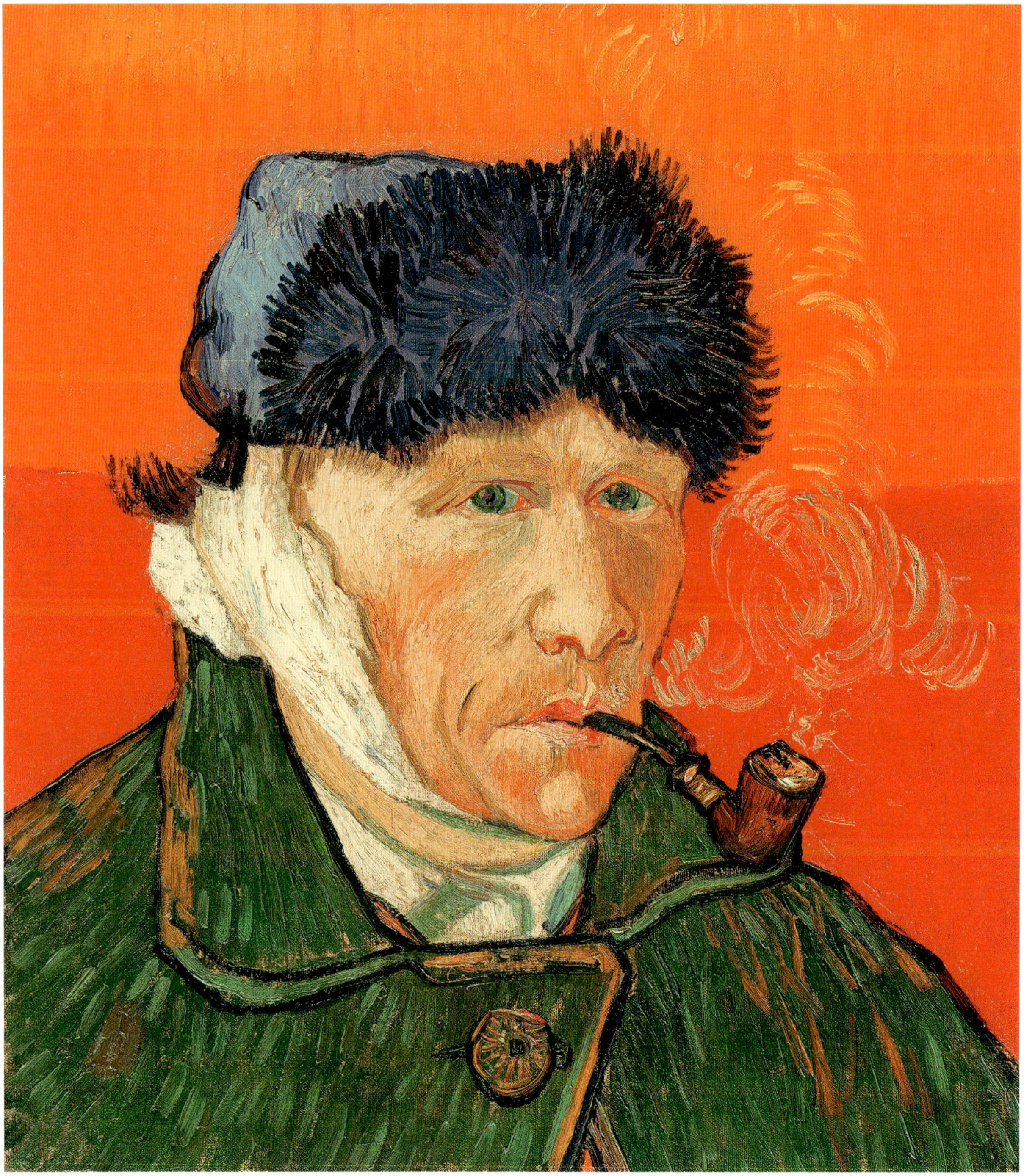

24 | Vincent van Gogh, **Selbstporträt mit verbundenem Ohr und Pfeife**, 1889

*„Je hässlicher, älter, boshafter, kränker, ärmer ich werde, umso mehr suche ich die Scharte dadurch auszuwetzen, dass ich meine Farbe leuchtend, wohl ausgewogen, strahlend mache.“* [23]

**1886**
Zum zweiten Mal ist er vom akademischen Unterricht enttäuscht und verlässt Antwerpen, um zu seinem Bruder nach Paris zu ziehen und Kurse im Privatatelier des Salonmalers Fernand Cormon (1845–1924) zu besuchen. Dort lernt er die Maler Henri Toulouse-Lautrec (1864–1901) und Emile Bernard (1868–1941) kennen und kommt mit den Impressionisten Camille Pissarro (1831–1903) und Edgar Degas (1834–1917) in Berührung. Es entstehen die Bilder *Schuhe* (Abb. 8) und *Der 14. Juli* (Abb. 14).

**1887**
Mit Bernard, Gauguin, Lautrec und Anquetin stellt er im Restaurant „Au Tambourin“ aus. Es entsteht ein Selbstbildnis (Abb. 21).

**1888**
Vincent übersiedelt nach Arles. Im Sommer bezieht er eine Wohnung im Gelben Haus an der Place Lamartine Nr. 2. Am 23. Oktober zieht Gauguin zu ihm. Es entstehen zahlreiche Gemälde, darunter der *Blumengarten* (Abb. 9), *Die Ernte* (Abb. 11), *Fallende Blätter* (Abb. 15), *Der Kanal „Roubine de Roi“ mit Waschfrauen* (Abb. 17)

Zum Ende des Jahres fällt van Gogh in eine Nervenkrise, in der er sich den unteren Teil seines linken Ohrläppchens abschneidet. Gauguin reist ab und van Gogh wird ins Spital eingeliefert.

**1889**
Am 7. Januar wird van Gogh entlassen. Er kehrt in das Gelbe Haus zurück. Es entsteht das Gemälde *Sonnenblumen* (Abb. 16).

Am 3. Mai 1889 lässt er sich freiwillig in die Nervenheilanstalt Saint-Paul-de-Mausole in Saint-Rémy einweisen und verbleibt dort bis zum 16. Mai des folgenden Jahres. Es entstehen ein *Selbstbildnis* (Abb. 1), *Landweg in der Provence bei Nacht* (Abb. 18), *Weizenfeld mit Zypressen* (Abb. 19)

**1890**
Vincent Van Gogh stirbt am 29. Juli im Alter von 37 Jahren im nordfranzösischen Auvers-sur-Oise, zwei Tage nachdem er sich während eines Spaziergangs mit einem Revolver in den Bauch geschossen hat. Am 25. Januar 1891 stirbt sein Bruder Theo in einer Nervenheilanstalt in Utrecht im Alter von 33 Jahren.

*„Ich, der ich eine neue Welt ahne, glaube ganz fest an die Möglichkeit einer ungeheuren Wiedergeburt der Kunst.“* [24]

# ANMERKUNGEN

1 Vincent van Gogh in seinem unvollendeten Briefentwurf an seinen Bruder Theo, den er bei sich trug, als er sich am 27. Juli 1890 in den Bauch schoss. Brief Nr. RM25, Auvers-sur-Oise, 23. Juli 1890. Die nachfolgenden Zitate von van Gogh sind sämtlich der Datenbank: http://www.vangoghletters.org/vg/ entnommen und von D. Hornemann v. Laer ins Deutsche übersetzt worden. In der Datenbank sind die Briefe über die Briefnummern sowohl in der Originalfassung wie auch in englischer Übersetzung leicht zu finden und werden im Folgenden daher ohne weitere Quellenangabe nachgewiesen.

2 Vgl. *Das sichtbare Unsichtbare*, Bericht über die Vorlesung zu Joseph Beuys, Sendung vom 17.11.1994, WDR Fernsehen. In einem anderen Beitrag mit dem Titel *Der Wittener Professor und die Kunst* wurde das große Interesse und der enorme Andrang mit den Worten umschrieben: „Ein Professor der privaten Universität Witten/Herdecke reißt mit seinen Ansichten die Massen in seinen Bann!" Vgl. Sendung vom 19.05.1993, WDR Fernsehen.

3 Jana Eckey, Studentin der Philosophie, Kulturreflexion und kulturellen Praxis, Universität Witten/Herdecke.

4 Im Gespräch mit David Hornemann v. Laer bemerkte Michael Bockemühl, dass dieser Vortragszyklus sein eigentliches Hauptwerk sei. Er habe nur noch keine Form gefunden, wie man solche Vorlesungen, die die Kunst unabhängig von Vorkenntnissen, Bildungsstand und Alter zugänglich machen wollen, adäquat veröffentlichen könne.

5 Michael Bockemühl, *Die Wirklichkeit des Bildes*, Urachhaus Verlag Stuttgart 1985, S. 180.

6 Paulo Coelho, *Hippie*, Rückcover. Copyright für die deutschsprachige Ausgabe © 2018 Diogenes Verlag AG Zürich.

7 Michael Bockemühl in: Yvonne Schwarzer (Hrsg.), *Ohne Wahrnehmung keine Welt*, Gespräch mit dem Kunstwissenschaftler Michael Bockemühl, Witten 2003, S. 32.

8 Silke Kirch, *Diskursive Wirklichkeit*, in: Zeitschrift *Info3. Bewusst leben. Gesellschaft gestalten,* Oktober 2018, S. 64.

9 Michael Bockemühl, *Kunst ist die Antwort auf Kunst,* in: *Boesner Katalog 2004*, hrsg. von Wolfgang Boesner, Westerweide GmbH Witten, 2004, S. 52. Diese Bemerkung verweist auf Friedrich Schillers Briefe *Über die ästhetische Erziehung des Menschen* und seine darin entwickelte Ästhetik, auf die sich Bockemühl zeitlebens immer wieder bezog. So nimmt der Kunstwissenschaftler nicht von Ideen seinen Ausgangspunkt, sondern von der konkreten Wahrnehmung: „... meine individuellen Leitmotive gestalten sich eigentlich nicht aus dem Blick auf eine Grundidee, sondern auf eine ständig sich im Kontext verwandelnde Wahrnehmung" (Claus Otto Scharmer, Interview mit Michael Bockemühl vom 22. Mai 1995, Archiv M. Bockemühl, Herdecke).

10 Aus einem Brief von Vincent van Gogh an seinen Bruder Theo. Der Satz lautet vollständig: „Ich möchte Bündigeres, Einfacheres, Ernsteres; ich möchte mehr Seele und mehr Liebe und mehr Herz." Brief Nr. 293, Den Haag, c. 11. Dezember 1882.

11 Vgl. KUNST SEHEN, Bd. 2: Claude Monet, Info3 Verlag, Frankfurt/M. 2018.

12 Vincent van Gogh an seinen Bruder Theo, Brief Nr. 497, Nuenen, 30. April 1885.

13 Vincent van Gogh an seinen Bruder Theo, Brief Nr. 520, Arles, 11. August 1888.

14 Vincent van Gogh an seinen Bruder Theo, Brief Nr. 158, Cuesmes, 24. September 1880.

15 Vincent van Gogh an seinen Bruder Theo, Brief Nr. 783, Saint-Rémy-de-Provence, 25. Juni 1889.

16 Vincent van Gogh an seinen Bruder Theo, Brief Nr. 226, Den Haag, 19. August 1882. Der Satz lautet vollständig: „Nun, ich wage es nicht, mir Illusionen zu erlauben, und ich fürchte, Vater und Mutter werden meine Kunst vielleicht nie wirklich schätzen. Das ist nicht überraschend, und es ist nicht ihre Schuld; Sie haben nicht gelernt, die Dinge so zu betrachten, wie Du und ich gelernt haben, sie anzuschauen. Sie betrachten andere Dinge als wir; wir sehen nicht die gleichen Dinge mit den gleichen Augen, noch kommen die gleichen Gedanken zu uns."

17 Vincent van Gogh an seinen Bruder Theo, Brief Nr. 533, Arles , 8. September 1888.

18 Vincent van Gogh an seinen Bruder Theo und Jo van Gogh-Bonger, Brief Nr. 898, Auvers-sur-Oise, 10. Juli 1890.

19 Vincent van Gogh an seine Schwester Willemien, Brief Nr. 879, Auvers-sur-Oise, 5. Juni 1890.

20 Michael Bockemühl, *Die Wirklichkeit des Bildes,* Urachhaus Verlag Stuttgart, 1985, S. 167.

21 Vincent van Gogh an seinen Bruder Theo, Brief Nr. 194, Den Haag, 29. Dezember 1881.

22 Vincent van Gogh an seinen Bruder Theo, Brief Nr. 682, Arles, c. 17. September 1888.

23 Vincent van Gogh an seine Schwester Willemien, Brief Nr. 678, Arles, 9. und 14. September 1888.

24 Vincent van Gogh an Emile Bernard, Brief Nr. 716, Arles, 1. oder 2. November 1888.

# VERZEICHNIS DER WERKE UND BILDNACHWEISE

1 | Vincent van Gogh, **Selbstbildnis**, Saint-Rémy, September 1889, Öl auf Leinwand, 65 x 54 cm. F 627. Musée d'Orsay. © Peter Willi / ARTOTHEK, S. 9.

2 | Michael Bockemühl, 2003, © Christian Nielinger, Essen, S. 14.

3 | Vincent van Gogh, **Die Kartoffelesser**, April/Mai 1885, Öl auf Leinwand, 81,5 x 114,5 cm, Van Gogh Museum, Amsterdam, © mauritius images / The Picture Art Collection / Alamy, S. 22–23.

4 | Vincent van Gogh, **Kartoffelsetzen** (Paar bei der Feldarbeit), Nuenen, April 1885. Öl auf Leinwand, 33 x 41 cm. Kunsthaus Zürich. © akg-images, S. 24–25.

5 | Claude Monet, **Der Spaziergang** (Frau mit Schirm – Madame Monet und ihr Sohn), 1875, Öl auf Leinwand, 100 x 81 cm, National Gallery of Art, Washington, © mauritius images / RTRO / Alamy, S. 26.

6 | Vincent van Gogh, **Bäuerin beim Umgraben**, Nuenen, August 1885, Öl auf Leinwand auf Holz, 42 x 32 cm, The Henry Barber Trust, The Barber Institute of Fine Arts, University of Birmingham / Bridgeman Images, S. 27.

7 | Vincent van Gogh, **Kopf einer Frau**, April 1885, Öl auf Leinwand, 43 x 30 cm, Van Gogh Museum, Amsterdam, © Fine Art Images / ARTOTHEK, S. 29.

8 | Vincent van Gogh, **Schuhe**, Paris, September – November 1886, Öl auf Leinwand, 37,5 x 45 cm, Van Gogh Museum, Amsterdam, © mauritius images / Artepics / Alamy, S. 30–31.

9 | Vincent van Gogh, **Blumengarten**, 1888, Öl auf Leinwand, 92 x 73 cm, Metropolitan Museum of Art, New York, © mauritius images / Historic Images / Alamy, S. 33.

10 | Paul Signac, **Die Seine bei Samois** (Studie), 1899, Öl auf Pappe, 26,8 x 34,9 cm, Neue Pinakothek, München, © mauritius images / Peter Horee / Alamy, S. 35.

11 | Vincent van Gogh, **Die Ernte**, Juni 1888, Öl auf Leinwand, 73 x 92 cm, Van Gogh Museum, Amsterdam, © mauritius images / SuperStock / Fine Art Images, S. 36–37.

12 | Vincent van Gogh, **Fischerboote auf dem Strand von Saintes-Maries-de-la-Mer**, 1888, Öl auf Leinwand, 65 x 81,5 cm, Van Gogh Museum, Amsterdam, © mauritius images / SuperStock /, S. 38–39.

13 | Vincent van Gogh, **Lastkähne bei Sonnenuntergang**, August 1888, Öl auf Leinwand, 71 x 95 cm, Privatsammlung Carleton Mitchell, Annapolis, © mauritius images / United Archives, S. 40–41.

14 | Vincent van Gogh, **Der 14. Juli**, 1886, Öl auf Leinwand, 44 x 39 cm, Sammlung Jaeggli-Hahnloser © Hans Hinz - ARTOTHEK, S. 45.

15 | Vincent van Gogh, **Fallende Blätter** (Les Alyscamps), c. 1. November 1888, Öl auf Leinwand, 73 x 92 cm, Kröller-Müller Museum, Otterlo, © mauritius images/ Universal Images Group North America LLC / Alamy, S. 46–47.

16 | Vincent van Gogh, **Sonnenblumen**, Arles, Januar 1889, Öl auf Leinwand, 95 x 73 cm, Van Gogh Museum Amsterdam, © Fine Art Images/ARTOTHEK, S. 51.

17 | Vincent van Gogh, **Der Kanal „La Roubine du Roi" mit Waschfrauen**, Juni 1888, Öl auf Leinwand, 74 x 60 cm, Privatbesitz, © Christie's Images Ltd – ARTOTHEK, S. 53.

18 | Vincent van Gogh, **Landweg in der Provence bei Nacht**, c. 12. – 15. Mai 1890, 92 x 73 cm, Öl auf Leinwand, Kröller-Müller Museum, Otterlo, © ARTOTHEK, S. 55.

19 | Vincent van Gogh, **Weizenfeld mit Zypressen**, 1889, Öl auf Leinwand, 73,2 x 93,4 cm, The Metropolitan Museum, New York, © mauritius images / Artokoloro Quint Lox Limited / Alamy, S. 62–63.

20 | Vincent van Gogh, **Weizenfeld mit Krähen**, Auvers-sur-Oise, Juli 1890, Öl auf Leinwand, 50,5 x 103 cm, Van Gogh Museum Amsterdam, © ARTOTHEK, S. 64–65.

21 | Vincent van Gogh, **Selbstbildnis**, 1889, Öl auf Karton, 57.79 x 44.5 cm, National Gallery, Washington, © ARTOTHEK, S. 67.

22 | Vincent van Gogh, Januar 1873, © mauritius images / Historic Images / Alamy, S. 71.

23 | Vincent van Gogh, **Selbstporträt mit Pfeife**, 1886, Öl auf Leinwand, 46x38 cm, Van Gogh Museum, Amsterdam, © mauritius images / The Artchives / Alamy, S. 72.

24 | Vincent van Gogh, **Selbstporträt mit verbundenem Ohr und Pfeife**, 1889, Öl auf Leinwand, 51 x 45 cm, Privatsammlung Stavros Niarcos, © Private Collection / Bridgeman Images, S. 74.

# DANK

Dass dieser vor über 25 Jahren gehaltene und glücklicherweise auf Tonband aufgezeichnete Vortragszyklus nun endlich in Buchform erscheinen kann, verdankt sich der Mitarbeit vieler Menschen.

Die Aufzeichnungen auf den Tonbändern wurden von Sandra Schwarz verschriftlicht. Natalie Rehm brachte die Texte in eine erste Form und suchte die Dias zu den Vorträgen zusammen. Schließlich gab es zahlreiche Studierende, die sich seit 2014 im Rahmen von Seminaren, die von David Hornemann v. Laer geleitet wurden, in unterschiedlicher Besetzung um eine vorsichtige Überarbeitung kümmerten, welche den Stil der frei gehaltenen Vorlesungen beizubehalten und sie gleichwohl auch lesbar zu machen suchten.

An der Überarbeitung waren beteiligt:
Tanja Adam-Heusler, Meike Adden, Joseph Bailey, Elena Ball, Lea Bengel, Laura Bickel, Geraint Black, Leandra Börner-Valdez, Demian Buchner, Elisabeth Capellmann, Eda Ciftci, Julius Daniel, Anna Deffner, Philipp Doose, Jana Eckey, Lara-Luna Ehrenschneider, Manischa Eichwalder, Isabel Gadea, Caroline Geck, Max Geuer, Paul Geilenberg, Andreas Grieser, Isabel Gudd, Julia Hansel, Antonia Heinrich, Ronja Hellebrandt, Hannah Heukeroth, Laura Jacobson, Sinja Jessberger, Jennifer Klack, Melanie Laskowski, Clara Laufenberg, Dominik Lauinger, Valerie Liebers, Katharina Lilienthal, Rose Link, Foo Low, Florian Kämpf, Jannis Keuerleber, Miranda Kiefer, Jonas Klingberg, Mathilda Knoblauch, Anna Ko, Julian Kramp, Andrea Kreisel, Johanna Lamprecht, Helias Mackay, Nura Mahmalat, Johanna Mayrshofer, Nikolas Middelmann, Tobias Möller-Hahlbrock, Lorenz Mrohs, Julia Muhsal, Matthias Niedermann, Martin Pawelkiwitz, Laurenz Pfaff, Matthias Pfrogner, Anselm Prechtl, Constantin Reuter, David Richardoz, Verena Schusser, Josephine Schütt, Amelie Scupin, Sarah Sock, Rahel Steffen, Rachel Steinmetz, Matthias Tamm, Carla Tenthoff, Christine Teuchert, Olaf Tittel, Philine Töpper, Friedemann Uhl, Richard Ulrich, Nikolas von Kameke, Anke von Loewensprung, Anna-Lena Weidemann, Christiane Weinberg, Shaya Werner, Clara Wicharz, Klara Zepp, Mara Zöller.

Die Buchreihe *KUNST SEHEN* verdankt ihre das Kunstwerk ins Zentrum rückende Gestaltung dem Grafiker Frank Schubert. Birgit Bockemühl stand uns mit Rat und Tat zur Seite und war insbesondere bei der Klärung schwieriger Textstellen und deren Umformulierung eine unschätzbare Hilfe. Silke Kirch sei Dank für ihre hilfreichen Anmerkungen und ihr aufmerksames Lektorat und Christoph Steinrücken für das umsichtige Marketing. Nicht zuletzt sei den Verlagsleitern Jens Heisterkamp und Ramon Brüll für ihre Unterstützung und ihren Glauben an dieses Projekt gedankt.

Zudem danken wir den im Folgenden genannten Förderern, durch deren großzügige Unterstützung die Drucklegung dieser Buchreihe mit ermöglicht wurde:

universität Witten/Herdecke

Fakultät für Kulturreflexion
- Studium fundamentale

wittener universitätsgesellschaft

GLS Treuhand

IBAM
Integriertes Begleitstudium
Anthroposophische Medizin
Universität Witten/Herdecke

Werner Richard-
Dr. Carl Dörken
Stiftung

# KUNST SEHEN Die Edition

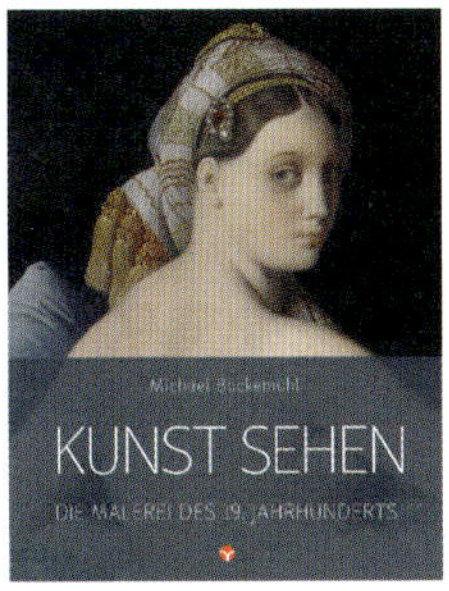


Band 1
Die Malerei des
19. Jahrhunderts

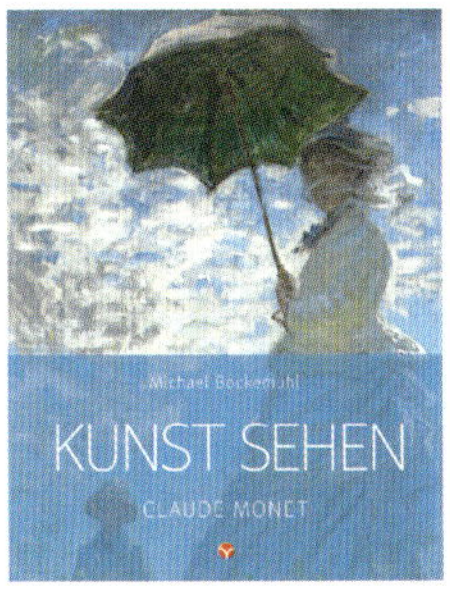


Band 2
Claude Monet

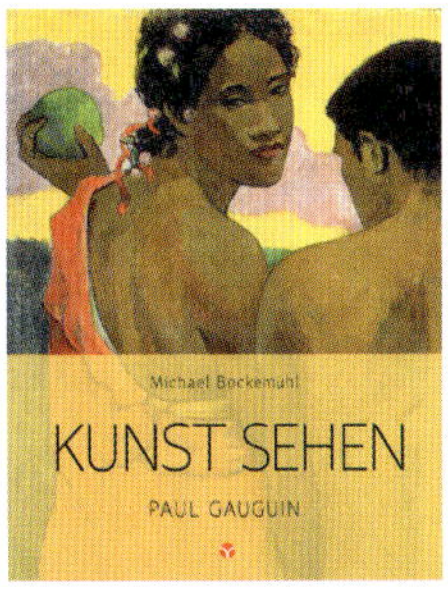


Band 3
Paul Gauguin

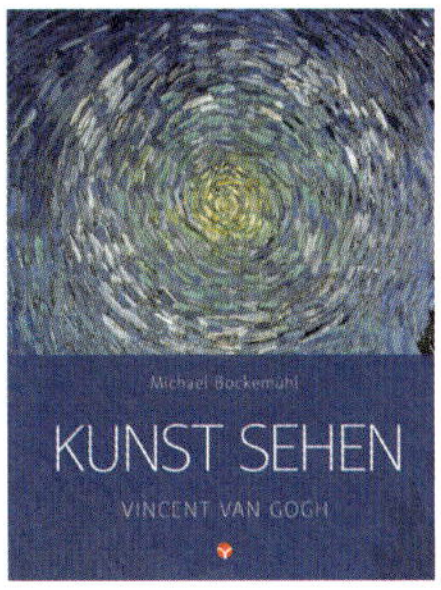


Band 4
Van Gogh

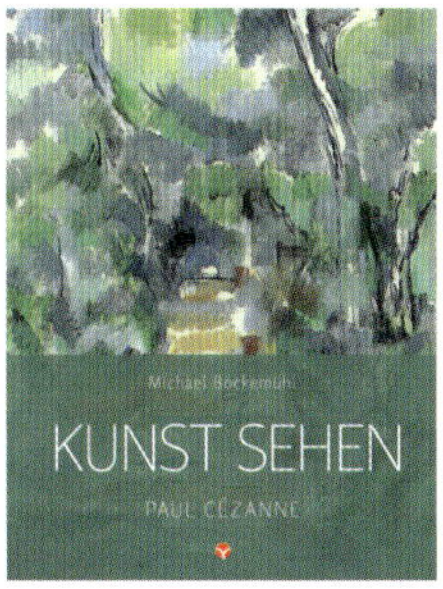


Band 5
Paul Cézanne

Band 6
Pablo Picasso

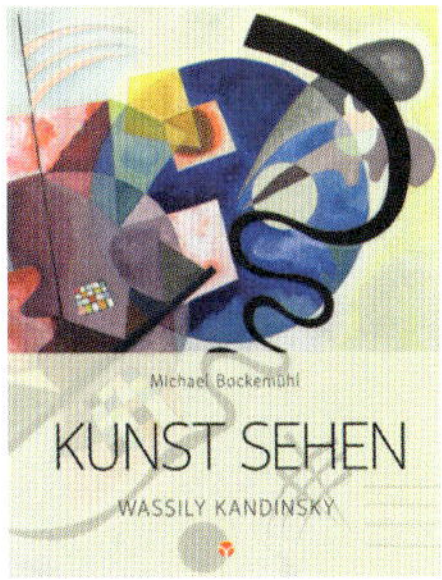


Band 7
Wassily Kandinsky

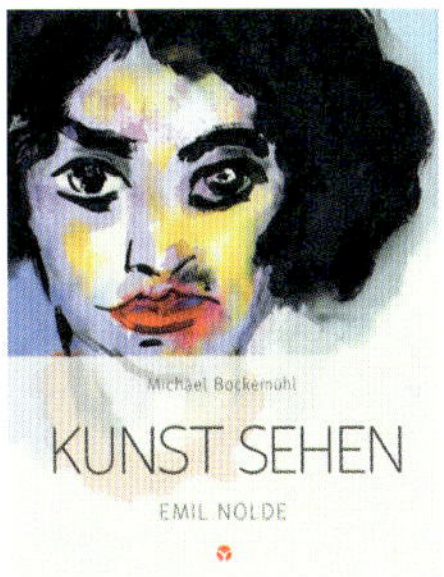


Band 8
Emil Nolde

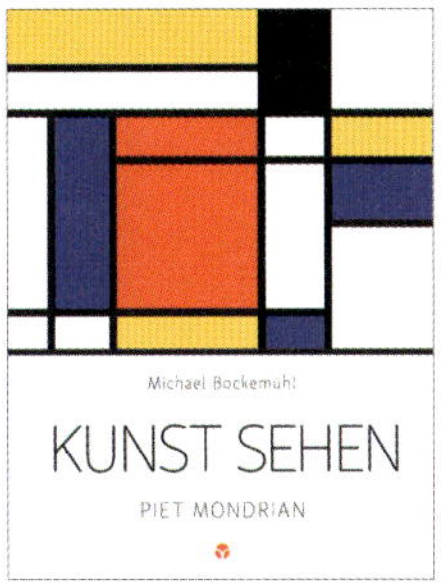


Band 9
Piet Mondrian

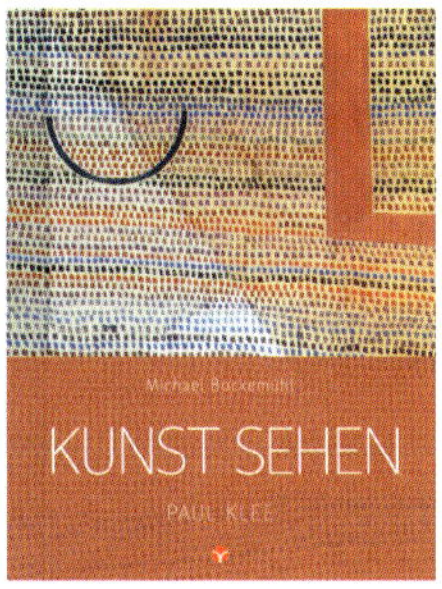


Band 10
Paul Klee

Band 11
Salvador Dalí

Band 12
Ad Reinhardt,
Marc Rothko,
Barnett Newman

Band 13
Francis Bacon /
Cy Twombly

Band 14
Joseph Beuys

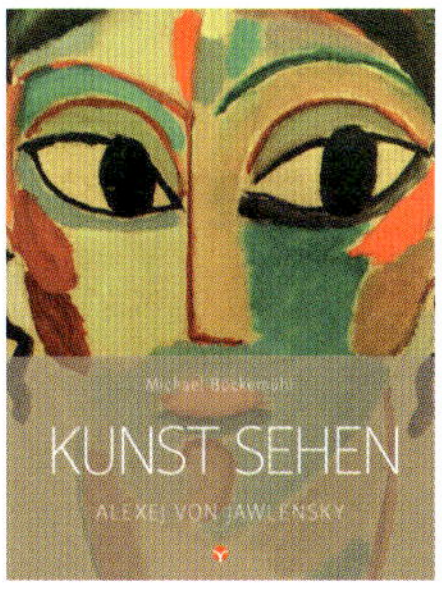


Band 15
Alexej von Jawlensky

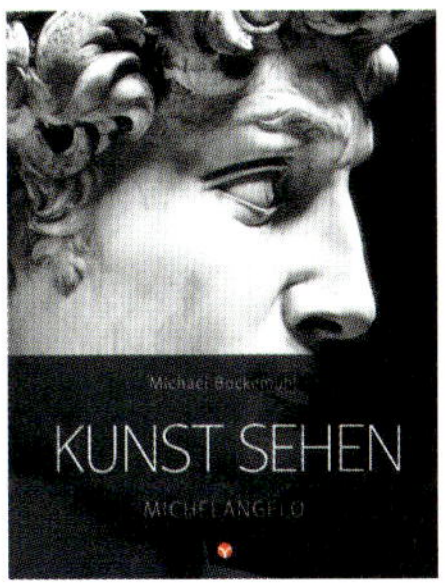


Band 16
Michelangelo

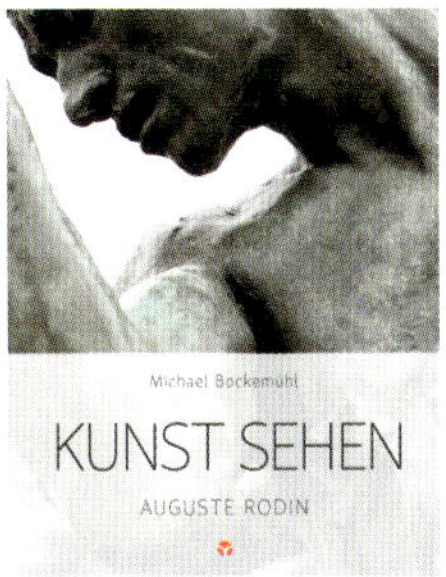


Band 17
Auguste Rodin

Band 18
Hans Arp

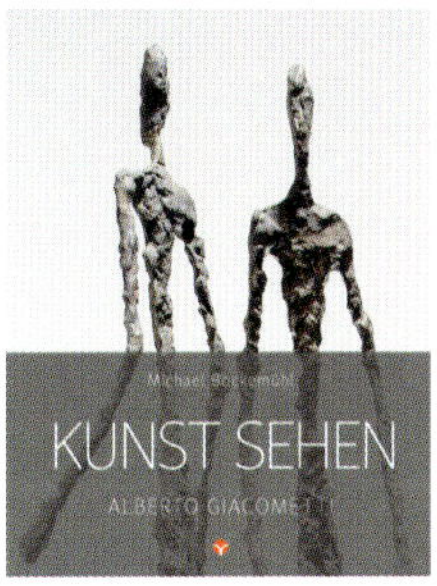


Band 19
Alberto Giacometti

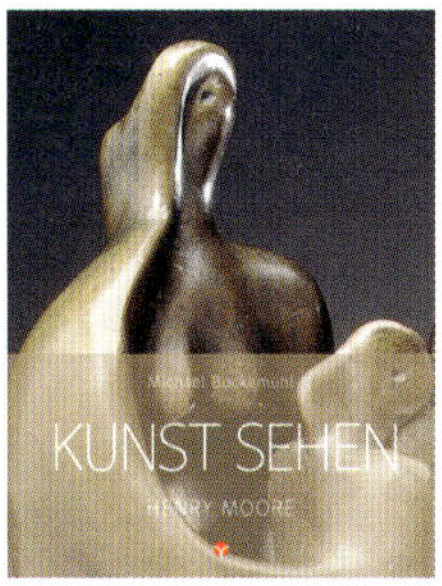


Band 20
Henry Moore

Voraussichtlicher Abschluss der Edition: 2021
Einzelbände für € 16,80
Im Abonnement für € 14,80
Infos unter:
www.info3.de/kunst-sehen
www.kunst-sehen.com

INFO3 VERLAG

# IMPRESSUM

Bibliographische Information der Deutschen Nationalbibliothek:
Die Deutsche Nationalbibliothek verzeichnet diese
Publikation in der Deutschen Nationalbibliographie;
detaillierte bibliographische Daten sind im Internet über
http://dnb.ddb.de abrufbar.

ISBN 978-3-95779-066-8

Erste Auflage 2018



Typographie, Satz und Umschlag:
Frank Schubert, Frankfurt am Main unter Verwendung einer
Detailabbildung des Gemäldes Vincent van Gogh, Landweg in der
Provence bei Nacht, 1890

Druck und Bindung: Dilling Printmedien, Kreuztal

**INFO3** VERLAG

Kirchgartenstr. 1, 60439 Frankfurt
Tel. 069-57 000 892, Fax +49-69-58 46 16
vertrieb@info3.de

WWW.INFO3.DE

HERAUSGEBER:
David v. Hornemann Laer
Fakultät für Kulturreflexion
Universität Witten/Herdecke
Alfred-Herrhausen-Str. 50, 58448 Witten
eMail: david.hornemannvonlaer@uni-wh.de
www.kunst-sehen.com